DES SOCIÉTÉS SECRÈTES AUX ASSOCIATIONS MODERNES

Marie-Paule Blaudin de Thé

DES SOCIÉTÉS SECRÈTES AUX ASSOCIATIONS MODERNES

La femme dans la dynamique de la société béti (1887-1966)

Adaptation littéraire ; cartes et infographies ;
conception et suivi de mise en page :
Tiphaine de Saint-Laurent

© 2025 Marie-Paule Blaudin de Thé
Édition : BoD · Books on Demand, 31 avenue Saint-Rémy,
57600 Forbach, bod@bod.fr
Impression : Libri Plureos GmbH, Friedensallee 273,
22763 Hamburg (Allemagne)
ISBN : 978-2-3225-5582-6

Dépôt légal : Juin 2025

« Le Code de la propriété intellectuelle interdit les copies ou reproductions destinées à une utilisation collective. Toute représentation ou reproduction intégrale ou partielle faite par quelque procédé que ce soit sans le consentement de l'auteur ou de ses ayants droit ou ayants cause est illicite et constitue une contrefaçon, aux termes des articles L.335-2 et suivants du Code de la propriété intellectuelle. »

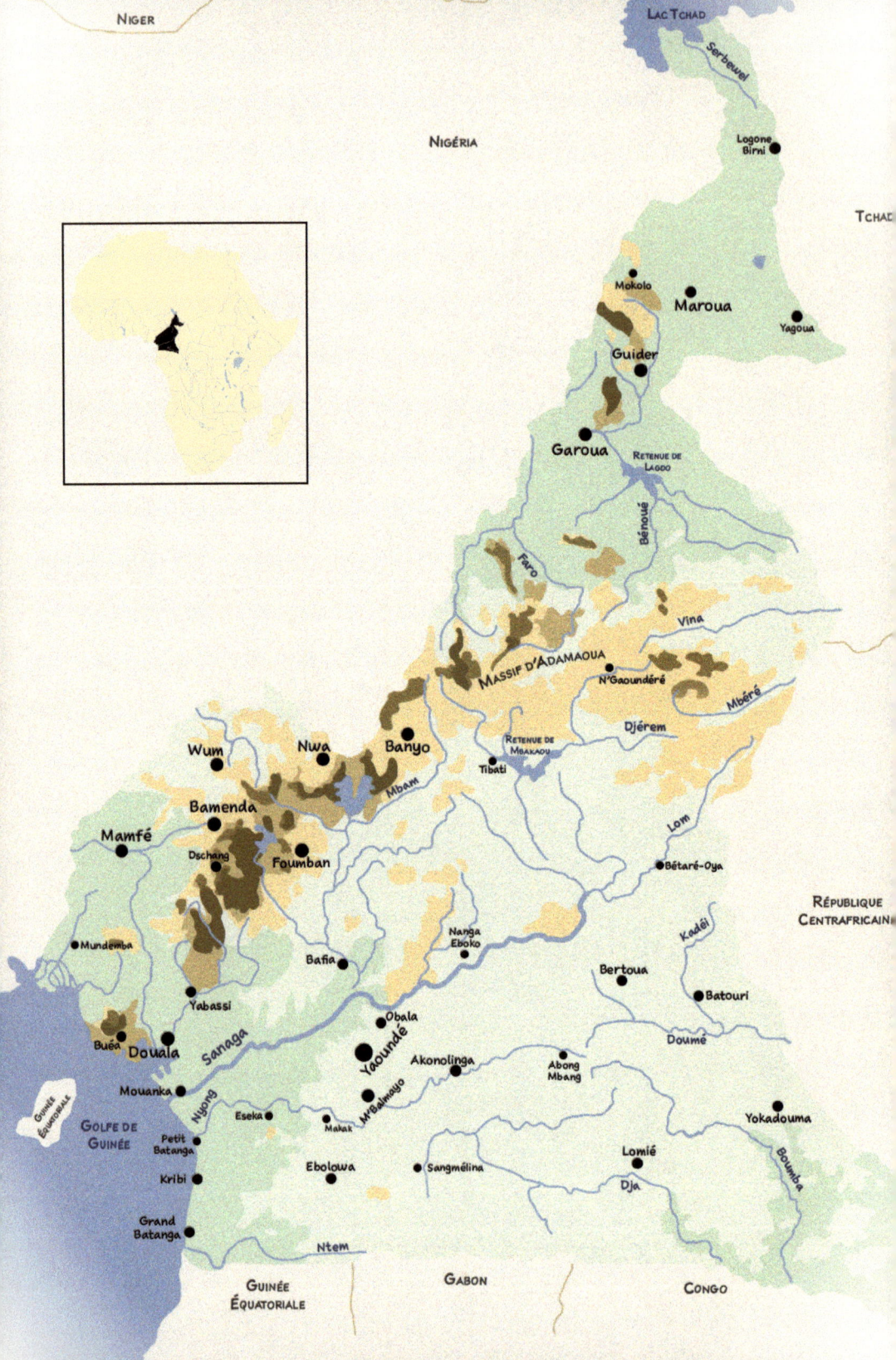

AVANT-PROPOS

Ce livre est issu de la thèse de doctorat *Des sociétés secrètes aux associations modernes. La femme dans la dynamique de la société béti (1887-1966)*, soutenue en mars 1970 à l'École Pratique des Hautes Études (EPHE) par Marie-Paule Blaudin de Thé. Ce travail, fondé sur une enquête ethnologique de terrain menée entre 1962 et 1966, constitue une contribution essentielle à la compréhension des évolutions sociales et culturelles de la société béti au Cameroun.

Son intérêt aujourd'hui est d'autant plus grand qu'il s'agit de l'unique étude menée par une femme ethnologue en contact direct avec d'autres femmes béti.

Les sociétés féminines d'Afrique noire sont souvent méconnues, bien que leur rôle ait été déterminant dans l'évolution des structures sociales et politiques de nombreux groupes ethniques. Leur influence ne se limite pas aux sphères domestiques et communautaires : elles ont joué un rôle actif dans les réactions aux différentes formes de domination et dans les dynamiques de reconstruction nationale.

La société béti du Sud-Cameroun en est un exemple frappant. Depuis près d'un siècle, des témoignages font état de l'existence et de l'adaptabilité des sociétés féminines béti face aux bouleversements politiques, économiques et sociaux. Leur capacité à évoluer en fonction des changements historiques, tout en conservant des modes d'organisation traditionnels, montre leur importance dans la structuration de la communauté. À travers ce livre, il s'agit de retracer l'évolution du rôle des femmes béti entre 1887, date de l'arrivée des Allemands au Centre-Sud-Cameroun, et 1966, année de la dernière enquête de terrain. Cette période est marquée par de profonds bouleversements : la colonisation allemande, suivie de l'implantation française, l'engagement des Camerounais dans la Seconde Guerre mondiale et les transformations sociales qu'il entraîne, la lutte pour l'indépendance et, enfin, la réorganisation du pays dans les premières années du régime postcolonial.

À chaque étape, la société béti a dû se réajuster, trouvant des formes nouvelles d'équilibre face aux mutations imposées par les puissances étrangères, les aspirations internes au changement et les nouvelles structures politiques et économiques. Ce processus permanent de transformation ne concerne pas uniquement les institutions masculines : les sociétés féminines, bien que moins visibles, ont elles aussi joué un rôle clé. Leur organisation, leurs modes d'action et leur influence méritent d'être interrogés. Comment les femmes ont-elles réagi aux évolutions successives qui ont marqué leur société ? Ont-elles adapté leurs regroupements aux nouveaux besoins, aux déséquilibres provoqués par les mutations politiques et économiques ? Le développement des associations féminines a-t-il renforcé la cohésion sociale ou, au contraire, introduit de nouvelles tensions ?

Les réponses à ces questions ne peuvent être trouvées qu'en donnant la parole aux femmes elles-mêmes. Ce livre repose sur un vaste travail de terrain mené par Marie-Paule Blaudin de Thé entre 1962 et 1966 dans neuf villages de l'ancien Nyong-et-Sanaga, ainsi qu'auprès de femmes de même origine ethnique résidant à Yaoundé et Mbalmayo. Au total, 311 femmes ont été interrogées, tant en milieu rural qu'urbain. Chacune d'elles a fait l'objet d'un entretien particulier dans son cadre de vie habituel. Par ailleurs, l'auteure a rencontré les responsables des différentes organisations féminines, aussi bien dans les villages qu'à Yaoundé et Mbalmayo, et a assisté à plusieurs réunions de ces associations. En revanche, le caractère secret des sociétés traditionnelles n'a pas permis d'observer directement leurs activités : les informations recueillies proviennent donc des témoignages de femmes et d'hommes béti.

Afin de rendre ce texte accessible à un plus large public, nous avons procédé à certains ajustements. Le texte original a été raccourci, et des définitions ainsi que des portraits explicatifs ont été ajoutés pour éclairer le lecteur sur des notions clés. Cependant, nous avons veillé à préserver le plus fidèlement possible les phrases d'origine, afin de respecter non seulement la rigueur scientifique de l'auteure, mais aussi le contexte historique et intellectuel dans lequel cette étude a été menée.

Ce choix s'explique par plusieurs raisons. D'une part, en ethnologie, la précision du vocabulaire et la formulation des idées revêtent une importance cruciale, chaque terme portant une signification spécifique dans l'analyse des dynamiques culturelles et sociales. D'autre part, cette thèse témoigne d'un moment particulier de la recherche en sciences sociales, et son style reflète la pensée française des années 1960. C'est dans cette perspective que nous avons décidé de préserver certains termes d'époque, tels que « Blancs » et « Noirs », plutôt que de les substituer par des équivalents contemporains comme « Européens » ou « Camerounais ». Cette fidélité à la langue et aux catégories d'analyse employées dans le texte original permet de restituer l'œuvre dans toute son authenticité et sa valeur historique.

En mettant en lumière la parole des femmes béti et leur rôle dans la transformation de leur société, ce livre constitue un document unique, à la croisée de l'ethnologie et de l'histoire. Nous espérons que cette publication, en rendant plus accessible ce travail fondamental, contribuera à nourrir la réflexion sur la condition féminine et les dynamiques sociales en Afrique à cette époque, tout en témoignant du riche héritage intellectuel des recherches ethnologiques menées au XXe siècle.

1845 — Arrivée de missionnaires baptistes anglais à Douala

1884 — Le Cameroun devient un protectorat allemand

1886 — Les missionnaires allemands prennent la place des Anglais

1890 — Apparition des grandes compagnies allemandes d'exploitation

mai 1891 — Ouverture de la première école par la mission catholique de Marienberg

1895 — Le traitement des manœuvres indigènes est réglementé par des textes de l'administration coloniale allemande

28 juin 1895 — Décret interdisant la vente des esclaves à l'intérieur du pays

1899 — Début des *oban*, guerres de vengeance en réaction contre l'exploitation conjuguée des sociétés d'exploitation et des commerçants

1901 — Les pères pallottins ouvrent une première mission près de Yaoundé

21 février 1902 — Décret adaptant les habitudes locales pour abolir la servitude traditionnelle

1909 — Création d'un service social, qui fonctionne dans les grandes plantations

1915 — Les Allemands, encerclés par les Français et les Anglais, se replient sur la Guinée espagnole

CHAPITRE I

1887-1920
LUTTER POUR SURVIVRE

« Nous autres femmes, nous sommes comme les poulets, à la discrétion des hommes, disaient les épouses du vieil homme.

Et si nos mères ne nous avaient pas transmis le secret, nous n'aurions même pas la satisfaction de nous venger d'eux en les trompant continuellement. À eux la force brutale et l'autorité, à nous la finesse malicieuse et la soumission passive. »

OWONO, Joseph. *Tante Bella*. Yaoundé : Librairie aux Messages, 1958

MIGRATIONS PAHOUINES ET FONCTIONNEMENT TRADITIONNEL DE LA SOCIÉTÉ BÉTI

Migrations pahouines et fixation au Cameroun

Le pays béti a été, depuis la fin du XVIIIe siècle, l'objet d'observations de la part d'explorateurs, de géographes, de linguistes, d'historiens et d'ethnologues. Le groupe pahouin[1], dont font partie les populations regroupées sous le nom de Béti, s'est fixé depuis la fin du XIXe siècle au Sud-Cameroun. La région qu'il occupe couvre environ 180 000 kilomètres carrés. Elle est délimitée au nord par la boucle de la Sanaga, au sud par le Ntem et l'embouchure de l'Ogoué, tandis qu'à l'est et à l'ouest, elle s'étend jusqu'aux vastes forêts primaires et secondaires, domaine des Bassa à l'ouest et des Badjoué à l'est.

Les six ethnies qui ont été étudiées dans le cadre de cet ouvrage – les Bane, Enoah, Eton, Ewondo, Manguisa et Mvélé – se situent au nord de cette région. Cependant, leurs habitudes migratoires et la recherche de terres ont souvent modifié les limites de leur implantation. Depuis le début de ses migrations, le groupe béti s'est orienté vers la mer et, en 1966, il occupait les départements du Nyong-et-Soo, du Nyong-et-Mfoumou, du Méfou, de la Haute-Sanaga, de la Lékié, du Haut-Nyong, du Lom et Kadéi, du Ntem, du Dja et Lobo, ainsi que le nord de Kribi. Le relief de cette région est varié : plateaux de roches cristallines, montagnes aux sommets raides dont l'altitude n'excède pas 1 200 mètres, falaises escarpées le long de la Sanaga et collines au sud de Yaoundé.

Comment les Béti se définissent eux-mêmes

Le terme *ati*, qui désigne la langue d'origine des Béti, signifie « seigneur ». Lorsque les tribus en fuite devant l'ennemi traversèrent la Sanaga, celles qui étaient les plus nombreuses et possédaient les effectifs guerriers les plus importants adoptèrent ce nom pour marquer leur indépendance vis-à-vis de toute forme d'esclavage. En 1966, ce sentiment de noblesse se reflète encore dans leur comportement. Le Béti parle lentement, avec une certaine solennité : « avec majesté », disent les anciens. Il pèse chacun de ses mots, car la réflexion et la maîtrise de soi sont des valeurs fondamen-

---

[1] ALEXANDRE, Pierre et Jacques, BINETT, *Le Groupe dit Pahouin*. Paris : PUF, 1958.

tales. Il prouve aussi qu'il est « seigneur » en donnant avec générosité, car être chiche est perçu comme un grave défaut. Autrefois, chez les Béti, le vol était inconcevable, car un homme digne de ce nom se devait d'être juste.

L'initiation, qui était à la fois une école de virilité et un apprentissage social, avait un double objectif : apprendre à vivre sans être nuisible (*asum*) et savoir donner (*akap*). Cependant, cet idéal concernait avant tout les membres du clan. Si verser le sang d'un membre de l'*awuman* entraînait la malédiction, il en allait autrement lorsqu'il s'agissait du sang des ennemis. Le code de vie des Béti impliquait aussi le respect dû aux anciens, l'exogamie et l'hospitalité. Micro-population, les Béti avaient conscience que le nombre fait la force. Un proverbe ewondo illustre cette idée : « quand on est cinq, on est *ati* ou seigneur ; quand on est seul, on devient *oloa* ou esclave. » Dès lors, chaque homme avait pour souci d'assurer une descendance nombreuse, d'accroître son importance par le nombre de ses épouses, de ses guerriers et de ses clients. Ces derniers étaient issus des tribus *minkas*, des groupes de moindre importance venus se placer sous la protection d'une tribu plus puissante lors des migrations.

PAHOUIN

Le terme pahouin désigne un grand groupe ethnolinguistique, regroupant les Fang, Béti et Bulu, partageant des similitudes linguistiques, culturelles et historiques, principalement présent au Cameroun, au Gabon et en Guinée équatoriale.

Les Béti, l'un des sous-groupes pahouins, ont migré au fil des siècles du nord vers le centre du Cameroun, et ont formé une large communauté autour de Yaoundé, dans les forêts tropicales du centre et du sud du pays. Cette migration s'est accélérée sous la pression de divers groupes voisins, notamment les Babuté, et avec l'arrivée des Fang, qui ont eux aussi migré depuis le plateau de l'Adamaoua.

UNE STRUCTURE LIGNAGÈRE DE LA SOCIÉTÉ

La société traditionnelle béti était dotée d'une structure fragile, qui s'est modifiée sous l'influence des événements, notamment des migrations. Il s'agissait d'une microstructure patrilinéaire, dont la cellule de base était le *nda-bôt* ou famille étendue, véritable pilier de l'organisation sociale. En principe, le village (*dzâl*) était composé uniquement de ces unités familiales. L'*ésa* (chef ou patriarche) dirigeait sa parenté, sa clientèle et ses esclaves. Il était le représentant du groupe et le *mie-dzala*, c'est-à-dire le « modeleur du village ». Le plus souvent, plusieurs familles se réunissent pour former un unique village, qui prend alors le nom de *mfagh* (plur. *minfagh*), mais sans qu'aucun mélange n'ait lieu entre les familles. Ces *memda me-bôt* (familles), rassemblées autour d'un *ntôl* (aîné), sont parfois des *ésa* (fractions), lignages mineurs, formant un *mvôk* ou *mvog*, un lignage moyen ou sous-clan, désigné par le nom de l'ancêtre commun féminin fondatrice du lignage. Le *mvog* s'identifie à une unité de résidence. Ce nom est donné au corps de garde (*abégue*) du village où les *menda me-bôt* habitent en commun. Il est suivi du nom du premier ancêtre fondateur, par exemple le *mvog Atemenge*. Deux ou plusieurs *mvôk* composent un *n'dzan*, un clan. C'est un ensemble de lignages moyens nés de la descendance de chacune des femmes d'un même ancêtre masculin. Il semble que l'*ayôm* corresponde à ce clan né d'un ancêtre masculin. C'est le patrilignage : il regroupe les enfants nés d'un même père et de mères différentes.

Plusieurs *ayôm* ou plusieurs *n'dzan* forment un *ayôn*. C'est le lignage maximal et patrilinéaire. Les membres de ce lignage ne peuvent se marier entre eux jusqu'à la 7e ou 8e génération. La tribu constitue l'entité la plus large, mais aussi la plus imprécise. Elle est liée en partie à l'occupation du sol. Les membres d'une tribu se réfèrent à un même dialecte, à un même ancêtre légendaire, fondateur éponyme et mythique, et à un totem commun. On donne aussi à la tribu le nom de « nation ». L'administration de la société est démocratique. Lorsqu'une décision est nécessaire au niveau du patrilignage ou du clan, chaque famille est consultée par son chef. Les *sengungudu*, ou pères du pays, tous chefs de *mvôk*, se retrouvent alors, discutent, et se retirent en petit comité pour prendre la décision. Puis, revenant devant l'assemblée, les hommes importants informent le clan de leur décision. Elle n'est jamais remise en question.

Les associations, piliers de la société béti

Divisées selon les sexes, les associations béti étaient très nombreuses lorsqu'arrivèrent les Allemands au Sud-Centre-Cameroun. Sous une forme diversifiée, elles n'ont fait que croître, essayant de s'adapter, avec l'évolution constante de la société, à des besoins sans cesse renouvelés. Il n'est pas rare, à cette époque, que les gens d'un même *dzâl* – un homme et sa famille – ou de plusieurs villages, organisent entre eux des opérations guerrières (*oban*) pour venger un mort, conquérir des terres ou effectuer des voyages commerciaux vers la côte. Les *minsamba*, compagnies de guerriers, se forment pour l'opération et se dissolvent une fois leur but atteint ; mais un lien subsiste toujours entre les membres.

Schéma descendant de la structure de la société traditionnelle béti

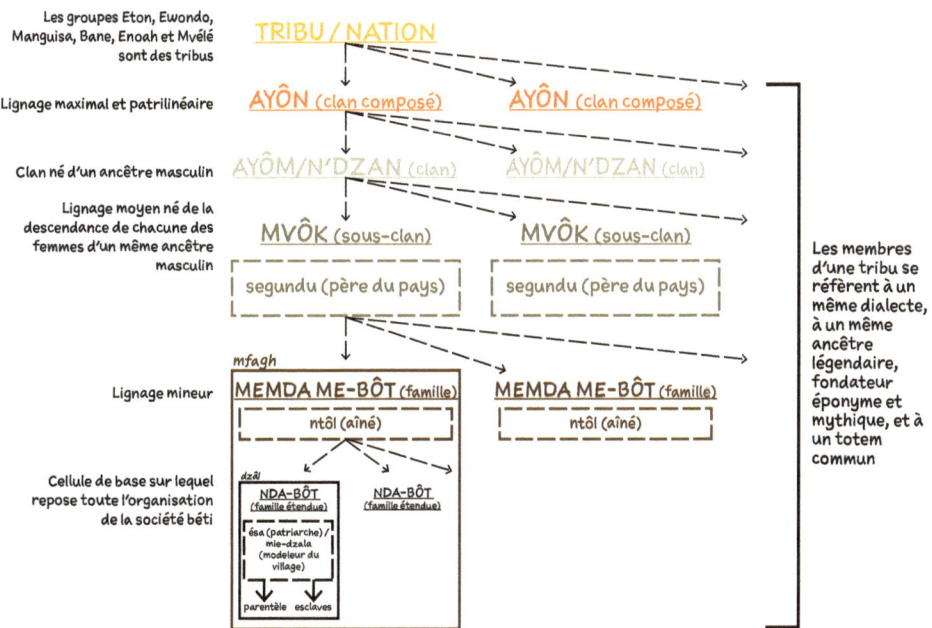

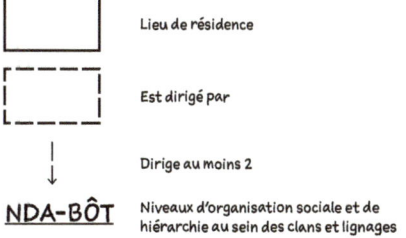

Lieu de résidence

Est dirigé par

Dirige au moins 2

NDA-BÔT Niveaux d'organisation sociale et de hiérarchie au sein des clans et lignages

LE *NSEM* INITIAL DANS LA COSMOGONIE BÉTI

Dans la cosmogonie béti, Mebe'e, le dieu créateur, éternel, autrefois immanent, est devenu transcendant après le *nsem* (la faute, ou bris d'interdit) initial de Zambe ou Nzame, sa première créature. Selon Victor Largeau[2], le premier homme, Nzame Mebe'e, se serait nommé lui-même, en même temps qu'il donnait au créateur son nom de Mebe'e. Pour d'autres, c'est Mebe'e qui aurait nommé Nzame, le fait de « nommer » donnant vie. Puis Mebe'e fabrique la première femme, Nyingono Mebe'e, qui, selon certains, est la sœur de Nzame. Mebe'e soumet tous les animaux au couple originel pour qu'ils travaillent pour lui.

Après la création, qui instaure l'ordre, Nzame introduit le désordre. Il fornique avec sa sœur. « C'est, précise Pierre Alexandre, le grand *nsem*, le bris d'interdit, l'inceste initial qui introduit la mort sur la terre[3]. » Mebe'e meurt alors, ou plutôt se sépare des hommes. Il devient le lointain, celui avec lequel les hommes n'ont presque aucune relation.

Pierre Alexandre pense que le principe de double symétrie ou de complémentarité sexuelle régit les lois du cosmos. La bisexualité, principe vital universel chez les Béti et les Fang, se retrouve dans chaque partie de la création et « tout être viable doit, pour être existant et complet, comporter en lui le genre sexuel opposé au sien[4]. »

Cette explication philo-cosmogonique que nous livre Pierre Alexandre au sujet de la société béti-fang semble pouvoir être poursuivie, nous aidant à percevoir un peu mieux le rôle des associations féminines et de leurs rites. Les finalités et les activités des associations traditionnelles féminines paraissent en effet participer à un mouvement circulaire et cyclique de la société, dont la progression serait provoquée par une relation dialectique.

Dans l'histoire mythique de la création des différentes tribus, on retrouve ce *nsem* initial et son rôle dans la dynamique créatrice de la société clanique. Les Enoah la racontent ainsi :

> Une guerre éclatant dans le village de son père Embolo Manga, Mebeme Lombo, son fils, se sauva avec sa sœur. C'était un Manguisa. Avec ses

---
2 LARGEAU, Victor. *Encyclopédie pahouine*. E. Leroux, 1901.
3 ALEXANDRE, Pierre et Jacques, BINETT, *Le Groupe dit Pahouin*. Paris : PUF, 1958 et ALEXANDRE, Pierre. « Proto-histoire béti -bulu -fang », *Cahiers d'Études Africaines*, vol. 5, n° 20, 1965.
4 ALEXANDRE, Pierre et Jacques, BINETT, *Le Groupe dit Pahouin*. Paris : PUF, 1958, pp. 114-116.

gens, ils entrèrent dans la forêt (mort)... Seul, il entra dans un grand village et alla voir le chef qui l'accueillit pendant trois jours. Remarquant que Mebeme Lombo gardait toujours la moitié de sa nourriture, le chef Mbouri Lima lui dit à son retour : « Va chercher celui ou celle que tu nourris en forêt. » L'enfant amena sa sœur.

Le jeune homme comme la jeune fille ne pouvant trouver un conjoint pour se marier, car tous deux étaient trop laids, le chef les appela et leur dit : « Puisque vous ne pouvez vous marier vu votre laideur, je vous marie tous les deux, sous peine de mort. » Ils se marièrent donc.

Après le mariage, comme on avait commis un grand *nsem*, un inceste, on fit le *ndongo*[5]. À la suite de cette cérémonie, ils commencèrent à mettre des enfants au monde, qui fondèrent les Enoah.

Le *nsem* initial ayant introduit le désordre rompt l'harmonie, l'unité du cosmos. L'homme perd alors son androgynéité. Devenu déséquilibré, il va orienter toutes ses activités vers la réacquisition de la bisexualité. Son mouvement est conséquent de la rupture d'harmonie qui provoque la mort.

Les différentes phases des rituels témoignent de cette recherche d'un ordre perdu, dont la conséquence retentit sur tout le groupe. La confession publique, suivie du sacrifice, l'aspersion du sang de l'animal pour les femmes et la manducation-communion pour les hommes sont l'acte collectif de ceux qui, après un désordre, cherchent à rétablir l'ordre. La libération par la parole des énergies impures efface le désordre, puis le versement et l'offrande du sang de la victime aux esprits ou aux pères des générations, les *békôn*, rétablissent la fécondité. Le partage comme la consommation de la victime est le moyen de refaire l'unité brisée, le signe d'un équilibre retrouvé par la cohésion des participants autour d'une même vie partagée.

Le rituel n'est pas seulement une réactualisation de l'acte originel, il le dépasse pour réaliser une unité vitale plus élevée. Chaque fois recréé par le moyen de la relation dialectique et par le verbe, l'homme passe de la mort à la vie, du désordre à l'ordre. C'est du passage, moment le plus important, que dépend la réalisation de la dynamique vitale, car il est au croisement, à la rencontre de la relation dialectique homme/femme. Il est signifié par l'initiation, cette dernière comportant un nécessaire désordre qui aboutit à une mort, impliquant elle-même affrontement et lutte. Le passage se produit lorsqu'une fois le conflit maîtrisé, un éclatement, une libération a lieu, dont l'aboutissement est le renforcement de l'harmonie de l'individu et du groupe.

---

5 Cérémonie de purification.

Les associations permanentes les plus importantes sont les groupes d'initiés aux différents rites. Il y a autant d'associations que de rites ; le but de ces rites se confond donc avec celui que poursuit l'association. Toutes ces associations sont des sociétés secrètes au sens où seules les membres savent ce qui se passe, les paroles qui y sont prononcées et leur signification ; mais elles sont publiques au sens où tout le monde sait qu'une activité, un rite va se dérouler et en connaît le but. Certaines sociétés sont encore plus secrètes que d'autres ; elles sont nées de magiciens, connaisseurs malveillants (*ayem* ou *nmen* plur. *beyem*), gens possesseurs d'*evu* pouvant faire le mal, et provoquent en retour la création d'associations (*meken*) d'autodéfense contre les machinations perverses des *beyem*. Les *meken* sont en partie les gardes du corps de leurs adeptes. Chacun d'eux a des emblèmes qui veillent sur leurs détenteurs et sur les personnes, sur les champs, sur tous les objets placés sous leur protection. Ils combattent, comme les *ngan* (engins de sûreté), le mal d'où qu'il vienne. Les plus puissants des *meken* sont le *so* pour les hommes, le *mevungu* pour les femmes, le *melan* pour les deux sexes. Les adeptes participent à des degrés différents au rite et sont hiérarchisés. Les adhérents aux associations viennent chercher là un moyen de renforcer leur courant vital et, par contrecoup, celui de leur *mvog*. Les relations rituelles y sont bisexualisées. Un individu du sexe opposé a généralement une fonction d'intermédiaire dans les rites spécifiquement masculins ou féminins. Intermédiaire désintéressé, il incarne le principe sexuel de complémentarité, permettant ainsi le passage symbolique de la mort à la vie et la réactualisation de ce passage.

Une autre forme d'association réunit, par groupes d'âge et par sexe, les membres du *nda-bôt* et plus tard du village. Dès six ou sept ans, les petites filles forment un groupe solidaire pour le jeu et parfois le travail. Vers l'âge du mariage, les adolescentes sont initiées par une vieille femme du village choisie par leur mère, à leur rôle d'épouse. Elles font en commun des plantations et passent de longues heures joyeuses où fusent les chants et éclatent les rythmes des danses et des jeux. Dès le mariage, les femmes d'une même grande famille cultivent ensemble leurs champs. Chez les hommes, le groupe des jeunes garçons, de douze à quatorze ans et ceux allant jusqu'à vingt ans subissent alors la grande initiation *so*. Ceux qui ont franchi le pas, se réunissent par groupes d'âge entre membres de *nda-bôt*, de village ou d'un même clan pour les grandes chasses et les travaux

agricoles[6]. À cette époque, expéditions guerrières et commerciales réunissent également plusieurs classes d'âge. Ces associations, qui ont connu des fortunes diverses, permettent de réaliser les activités villageoises. Cette organisation évite parfois ou limite les conflits entre sexes et entre générations, chacun ayant un rôle précis dans le déroulement de la vie économique et sociale traditionnelle. Mais lorsque les changements économiques ont pénétré le village, l'équilibre a été bouleversé.

L'IMPORTANCE DU RITE DANS LA SOCIÉTÉ TRADITIONNELLE

L'activité centrale des associations traditionnelles est le rite qui met en relation les hommes avec les puissances qui les dominent. Mebe'e, ou *Zamba Nkombodo* en ewondo, le « Créateur des lignées », le « Grand Englobant »[7], est lointain, séparé des hommes par le *nsem* (faute, rupture d'interdit) initial. Il se retire, n'intervenant qu'aux moments les plus importants de la vie du cosmos et de la société. Les hommes se tournent donc vers ceux qui semblent influencer quotidiennement leur destinée : les forces intermédiaires et occultes. Ces dernières sont de trois sortes : les revenants ou mânes des ancêtres morts (*bèkôn*) ; les génies (*minkuk* ou *kôn*), esprits incarnés et que l'on peut s'approprier ; les *nneme* ou *beyem* (sing. *ayem*), magiciens malveillants qui manipulent le sacré. Ils sont possesseurs d'*evu*, ce qui leur donne un grand pouvoir sur les vivants et peuvent orienter les forces nocives sur leurs ennemis pour leur communiquer les maladies de leur choix.

Le rite introduit la relation avec les puissances intermédiaires, entre Mebe'e et les hommes, puissances détentrices du courant vital, qui est force. C'est par le rite que l'on peut attirer ou rétablir pour soi, ou pour le groupe familial, ce courant vital qui est fécondité, santé, richesse, prospérité des cultures, de la chasse et de la pêche. Efficaces par elles-mêmes, les cérémonies ne sont pas démonstration, mais monstration de la vérité. Les symboles rituels qui accompagnent l'action mythique sont là seulement pour l'illustrer et lui assurer sa pleine efficience. Le verbe est le principal véhicule du rite. C'est pourquoi la parole, le geste, la danse, le chant, le

---

6 Récolte de palmites, entretien et récolte du cacao, du café et de certaines cultures vivrières – ignames, bananes – destinées, comme les cultures industrielles, au commerce.
7 Car il est maître du jour et de la nuit, maître de la force et de la fécondité.

souffle dans un instrument de musique y ont une si grande place. L'eau des rivières est le deuxième véhicule de la force vitale, son réceptacle capable de diffuser la vie. Elle a le pouvoir d'investir les contraires et notamment la contrariété la plus profonde, celle de la vie et de la mort. L'eau des rivières est symbole et moyen de purification, de fécondité. Le sang, c'est l'âme, la vie. Il irrigue le corps et lui donne vie, comme l'eau des rivières donne vie à la terre ; le sang des animaux sacrifiés dans le rite est un des véhicules de la force vitale, et donc de la fécondité sous toutes ses formes.

Les rites sont de deux sortes : *angan* (plur. *mangan*) et *esob-nol*. L'*angan* est un rite déterminé lié à une association (comme le *so,* le *melan,* le *mevungu*) ; il est donc collectif et a souvent un but de propitiation, cherchant à donner aux initiés un pouvoir vital plus grand, à leur rendre favorables les forces d'où qu'elles viennent, à combattre pour eux les puissances nocives. L'*esob-nol* est une cérémonie occasionnelle agissant comme un remède pour la personne ou le couple qui s'y livre. Il signifie « ablutions du corps » et n'est pas lié à une association. Il existe trois sortes d'*esob-nol*. Le plus significatif se passe à la rivière sur laquelle on fait un barrage. On lave le ou les pénitents, on leur donne un lavement avec des herbes et du piment, puis on lâche tous les barrages : tout le mal s'en va avec l'eau libérée. C'est toujours une cérémonie de purification, à la suite d'un mal qui atteint un individu ou le groupe. Elle a pour but, en combattant le mal, de faire retrouver au groupe le degré de force vitale qu'il a perdu en violant les interdits, ce qui a provoqué le malheur.

PÉNÉTRATION ALLEMANDE ET PREMIÈRE COLONISATION DU CAMEROUN

Mise en place du cadre colonial

Jusqu'en 1883, les Européens restent principalement dans les villes de la côte. Le commerce, leur principale activité, est alors entre les mains des Douala, qui sont des intermédiaires actifs entre les tribus de l'intérieur et de la côte. Mais en 1884, dans le but de protéger les intérêts commerciaux allemands face aux autres puissances coloniales, notamment la France et la Grande-Bretagne, Gustav Nachtigal, représentant du chancelier Bismarck, signe un traité avec Pass-All, roi des Malimba, puis avec les différents chefs de clans Akwa et Bell. Le Kamerun devient un protectorat.

Évolution des frontières du protectorat du Kamerun entre janvier 1901 et mars 1916

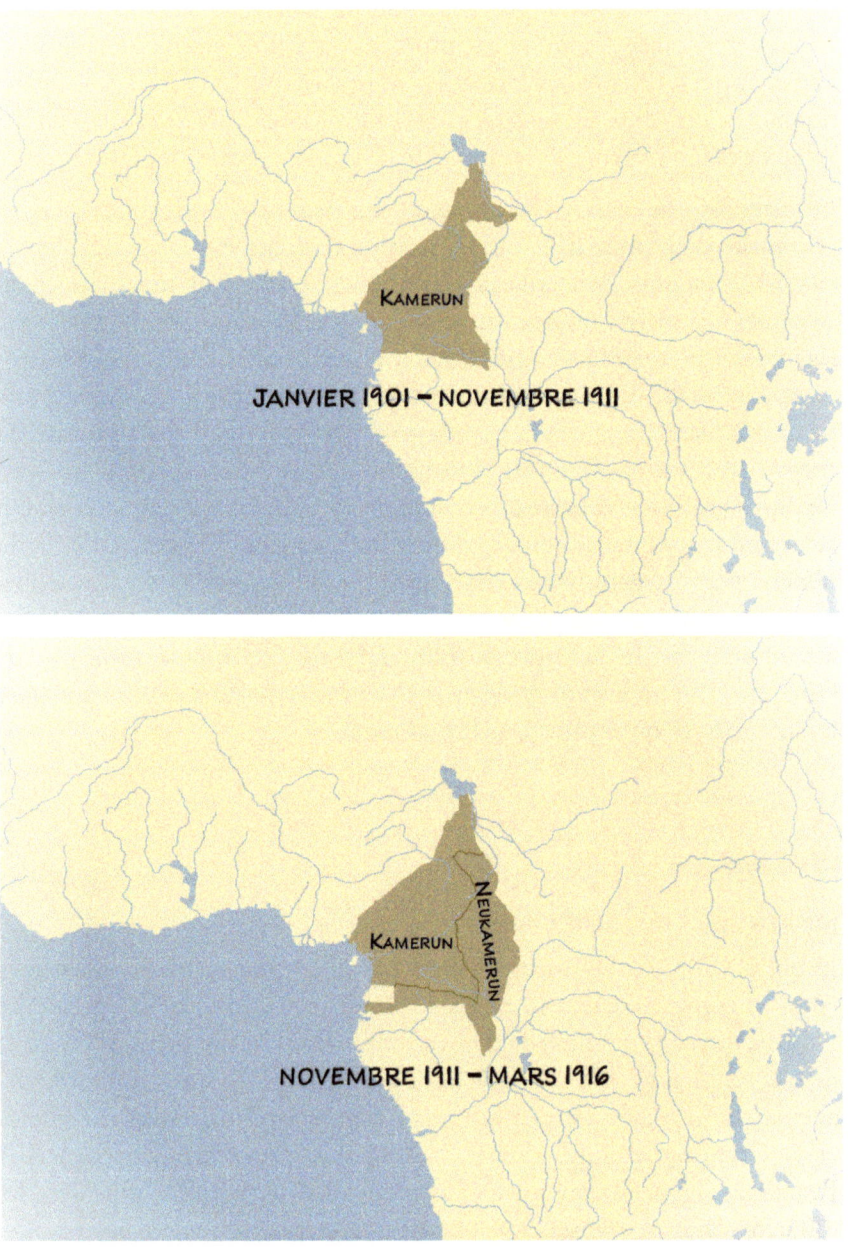

Puis, sur l'ordre de Nachtigal des expéditions partent en 1886 de Grand-Batanga vers le centre, le sud-est et le sud. Les Allemands sont rapidement en contact avec les Pahouin, dont certaines tribus se sont avancées jusqu'à Lolodorf.

Dès leur arrivée au centre-sud, les Allemands se livrent à une reconnaissance scientifique du pays. Ils explorent la Sanaga et le Nyong, ainsi que la zone forestière, et étudient les appartenances ethniques et les coutumes, s'appuyant sur les notations linguistiques. Ils peuvent ainsi situer l'extension de l'invasion pahouine au-dessus du 2e parallèle. Ils entreprennent alors d'arrêter sa progression dès le début des années 1890 et de fixer les groupes.

À cette époque, les tribus béti se fragmentent et un enchevêtrement inextricable s'ensuit, rendant difficile l'identification de ces groupes par les ethnologues. Leurs déplacements se font de manière sporadique, souvent « en sauts-de-mouton ». Lente et irrégulière, à travers tout l'actuel pays béti, la migration se fait par groupes familiaux, chaque tribu comptant une trentaine de personnes, qui constituent l'unique unité politique et sociale. Les unions familiales se sont souvent avancées progressivement, les derniers venus s'établissant au-delà de leurs devanciers pour une ou deux générations, avant de repartir ensuite. Souvent, des lignages se détachent du groupe pour aller plus loin, vers l'ouest, chercher des femmes et des terres, tandis que le patriarche reste sur place avec son fils aîné, gardant les terres de l'*élig,* perpétuant le lien du sol et le nom des ancêtres fondateurs. Les clans qui « marchent ensemble » s'ajustent au hasard des événements, un petit clan marchant à côté d'un clan seigneur, avec des guerriers puissants et nombreux. Dans cette compénétration, les groupes de même origine ethnique se retrouvent fréquemment séparés par des bandes de territoire occupées par des tribus étrangères qui migrent comme eux. Les migrations s'accélèrent en cas d'attaque, de famine, d'épidémie, lorsque les terres sont usées et que se ravive chez les migrants le désir de trouver les hommes blancs, le sel et le moyen de faire des transactions sans intermédiaires. Alors qu'au sud de l'actuel pays béti, les colonnes allemandes pacifient, au nord, Ngila, le grand chef des Wuté, accélère les migrations par ses ravages au-delà de la Sanaga. Il répand la famine et la terreur au milieu de groupes encore peu stabilisés et beaucoup moins organisés que

Gustav Nachtigal (1834-1885)

Gustav Nachtigal était un explorateur, médecin et administrateur colonial allemand, dont l'influence sur l'expansion de l'Empire colonial allemand en Afrique est significative. Né à Hohenheim, en Allemagne, Nachtigal commence sa carrière en tant que médecin avant de se tourner vers l'exploration scientifique et géographique. Il entreprend sa première expédition en Afrique en 1869, où il explore des régions peu connues des Européens, notamment le Soudan et le Tchad.

En 1883, le chancelier Otto von Bismarck, dans le cadre de sa stratégie d'expansion coloniale, lui confie une mission stratégique dans le but d'établir des protectorats allemands en Afrique centrale et de l'ouest. Bismarck, bien que réticent à une colonisation directe, voit l'importance d'une présence allemande en Afrique et décide de renforcer cette influence, notamment dans des régions telles que le Cameroun.

Gustav Nachtigal, à la tête de cette mission diplomatique et coloniale, a pour objectif de rencontrer les chefs locaux, négocier des accords et poser les bases d'une domination coloniale allemande. En 1884, il signe un traité avec le roi Bell à Douala, et avec Pass-All, roi des Malimba, ce qui marque la prise officielle de possession de ce territoire par l'Allemagne. Ces accords ont été essentiels pour l'implantation de l'Empire allemand en Afrique, et ont permis à l'Allemagne d'affirmer sa présence face aux autres puissances européennes en pleine compétition coloniale.

En tant qu'explorateur, Nachtigal est également reconnu pour ses contributions scientifiques, ses observations détaillées des cultures locales, des langues et des sociétés africaines.

ses troupes. Progressant vers Yaoundé, il provoque les déplacements des tribus vers le sud-ouest.

Administrativement, le pays est divisé en trois résidences au nord et en districts ou circonscriptions au sud. Tout l'édifice du pouvoir repose sur le gouverneur, représentant direct du Reich puis du ministère des Colonies après la création de ce poste en 1907. À partir de 1904, des délégations de planteurs, commerçants et missionnaires forment dans le sud un véritable conseil. Douala est la capitale de 1885 à 1901, puis Buéa de 1901 à 1909. Le tremblement de terre déloge la capitale, et Yaoundé ne prend la succession qu'après la Première Guerre mondiale. Cependant, alors qu'il constate que l'organisation civile et militaire est totalement étrangère à la région, Raimund Dernburg, gouverneur général du Kamerun, déclare en 1907 que « l'indigène est le facteur le plus important des colonies et que l'administration centrale doit collaborer avec l'autorité indigène. » En pays béti, l'administration crée alors des chefferies.

Un protectorat aux mains des sociétés allemandes d'exploitation

L'occupation coloniale allemande, de 1888 à 1898, s'est manifestée sous la forme d'une souveraineté commerciale, orientée vers la côte. Le gouverneur Karl von Puttkamer, chargé en 1902 par le gouvernement impérial d'organiser le pays, donne au développement de la colonie l'élan fécond et constructeur ; mais il doit pour cela composer sans cesse avec les grandes compagnies d'exploitation et se trouve écartelé entre les ordres venus de la métropole contre l'exploitation des autochtones et les intérêts des sociétés. Les abus de son époque le font révoquer en 1907. Berlin crée alors un ministère des Colonies et prend en main la direction des affaires coloniales. L'essor économique du pays, en pleine expansion, est entièrement entre les mains des sociétés d'exploitation agricole et forestière et des sociétés de commerce allemandes. Bismarck confie souvent la colonisation des pays d'outre-mer aux commerçants. Ce sont eux qui sont responsables des expériences de mise en valeur des terres et du commerce tandis que le gouverneur administre le pays, pacifié par des officiers allemands encadrant des troupes venues d'autres territoires africains. Dès 1890, le lancement de grandes compagnies d'exploitation, comme la Sud et la Nord-West Kamerun Gesellschaft, donne au Cameroun des résultats assez variables. Au sud, cinq millions d'hectares sont mis à la disposition de la Sud-Kamerun-Gesellschaft, dans le bassin de la Sanaga, pour l'exploitation du caoutchouc. Des plantations de toutes tailles surgissent un peu partout. Des Allemands et des Camerounais sont alors encouragés à entreprendre des cultures destinées à l'exportation : on cultive la banane, le cacao, le café, l'hévéa, le palmier à huile.

Capitaine Hans Dominik (1870-1910)

Le capitaine Hans Dominik était un officier, administrateur colonial et explorateur allemand, principalement actif au Cameroun, alors colonie de l'Empire allemand. Engagé dans l'expansion et la consolidation du contrôle colonial sur le territoire, il s'est distingué par ses campagnes militaires visant à mater les résistances des populations locales, notamment celles des Béti, des Bamiléké et des populations du nord.

Dominik a joué un rôle clé dans l'assujettissement des chefs locaux, souvent en menant des expéditions punitives contre ceux qui s'opposaient à l'autorité coloniale. Il était connu pour sa stratégie d'alliance et de répression, favorisant certains chefs africains pour mieux diviser les résistances. Son action a contribué à renforcer l'administration allemande au Cameroun, en imposant un système de contrôle plus direct sur les territoires et en facilitant l'exploitation économique de la colonie.

S'il est présenté par certains comme un administrateur efficace ayant contribué à l'organisation du Cameroun sous domination allemande, il reste une figure controversée, notamment en raison de la brutalité des campagnes militaires qu'il a menées. Sa vision du colonialisme reposait sur une approche autoritaire et militariste, illustrant la politique de domination directe adoptée par l'Allemagne en Afrique à cette époque. Il meurt en 1910, laissant derrière lui une empreinte durable sur l'histoire coloniale du Cameroun.

L'exploitation forestière se développe. En 1913, le pays exporte 8 000 tonnes d'acajou, pour un prix de 450 000 marks et de l'ébène pour 185 809 marks. En 1906, 5 000 manœuvres peinent, et nombreux sont ceux qui meurent sur la voie de chemin de fer Douala-Yaoundé à cause des éboulements. Les plantations de caoutchouc occupaient, en 1913, 20 000 manœuvres. Autour du mont Cameroun, 58 plantations exploitaient à la même date 28 225 hectares avec 17 887 manœuvres.

La mise en route du développement économique exige des moyens de communication. Des routes et deux lignes de chemin de fer sont tracées. En 1912, la route Yaoundé-Kribi est achevée et Kribi-Ebolowa le sera bientôt. En 1914, le chemin de fer du centre est à la moitié du parcours Douala-Yaoundé (173 km). Des milliers d'hommes sont recrutés pour travailler sur les chantiers : mines de Bétaré-Oya, routes, voies de chemin de fer et grandes plantations. Le recrutement est rapidement forcé. Les hommes se cachent pour ne pas être désignés par le chef de village chargé de fournir des travailleurs à l'officier ou à l'agent de l'administration. Les rafles ont alors lieu la nuit, continuant à vider les villages, même si en 1895, le traitement des manœuvres est réglementé. Les villageois sont emmenés à des centaines de kilomètres de chez eux. Les Béti sont dispersés dans tout le sud. Les femmes et les enfants doivent apporter dans les stations les produits nécessaires pour nourrir la colonie européenne et la troupe. De nombreuses femmes doivent également apporter de la nourriture à leurs époux travaillant sur des chantiers, en terre ennemie.

La circulation des produits se fait à dos d'homme, des milliers de porteurs de tous âges circulent ainsi sur les pistes. On dit qu'entre Kribi et Yaoundé, 85 000 porteurs circulaient en permanence. À Lolodorf, on voit passer chaque jour 1 000 porteurs chargés de caoutchouc des forêts de Yokadouma. Une loi fixera plus tard la charge maximum à 30 kg et nombreux sont ceux qui mourront en route.

Le développement de l'activité commerciale des sociétés étrangères ne va pas sans difficulté. Les populations vont résister à cette ponction des forces vives du pays. Des villages s'enfoncent profondément dans les régions inexplorées sur leurs anciens emplacements, au milieu des plantations vivrières, tandis qu'aux yeux de l'administrateur, ils restent sur le bord des pistes. D'autres se révoltent. Les efforts de l'administration pour gagner les chefs influents par voie pacifique sont vains. Les nombreuses firmes travaillent contre les intérêts du gouvernement, cherchant à maintenir dans les villages, en vue de l'extension de leur commerce, les hommes que le gouvernement demande pour les grands travaux. La réaction contre l'exploitation conjuguée des sociétés d'exploitation et des commerçants éclate dès 1899. Elle commence chez les Bulu, écartés de leur principale activité économique. Les *oban*, guerres de vengeance, dureront jusqu'en 1906 au centre-sud, jusqu'en 1913 et 1914 en région mvélé et maka. Des commerçants, dont Monier de la Gesellschaft-Süd-Kamerun, près de Lomié en 1903, sont assassinés, de nombreuses stations attaquées, les factoreries détruites et pillées. À la lutte contre les Allemands s'ajoutent de nombreuses guerres et guérillas entre clans et entre tribus. Les principaux ennemis des Béti sont pendant longtemps les Bulu et les Bassa. Mais pour lutter contre les Wuté ou les Allemands, les ennemis d'hier s'allient souvent, afin de grossir les rangs de leurs guerriers.

L'IMPLANTATION MISSIONNAIRE

Les missionnaires protestants ont précédé l'implantation conquérante de l'Europe au Cameroun. Dès 1845, les missionnaires baptistes anglais se fixent à Douala. Alfred Saker en est le premier pasteur. En 1886, les missionnaires allemands de Bâle prennent la place des Anglais. Dans le sud, la mission presbytérienne américaine fixe son premier poste à Batanga en 1871, puis en 1895 à Efoulen chez les Bulu. En 1895, elle crée un poste à Ebolowa chez les Fang, en 1897 à Lolodorf, en 1909 à Metet et en 1916 à Foulassi. Quoiqu'ayant atteint les tribus béti dans la région de Lolodorf, le protestantisme presbytérien sera considéré comme la religion des Bulu à la suite du partage du Sud-Cameroun effectué entre les missions catholiques et protestantes. Le premier missionnaire catholique, le père Vieter, débarque à Douala vers 1890. Il se voit refuser une implantation dans la ville et va fonder la première mission sur les bords de la Sanaga à Marienberg et ouvre une école dès mai 1891. Les pères pallottins, auxquels est confiée l'évangélisation du centre-sud, installent leur première mission en 1901 à Mvolyé, sur une des collines qui dominent la station de Yaoundé. Ils fondent dès lors des missions au centre-sud jusqu'à Minlaba, au-delà de Mbalmayo. Leurs postes centraux deviennent : Nkomoutou au nord de Yaoundé, Akono au sud et Batsinga.

Les missionnaires allemands jusqu'en 1914 étonnent les Béti par leur comportement et leur mode de vie. Ils apprennent la langue ewondo, habitent dans des cases en folioles de raphia ou en écorce, comme les autochtones, et vivent très pauvrement. Mais ils sont très exigeants et préparent des catéchistes dont la formation est si poussée qu'ils maintiendront la foi catholique de 1916, lorsque les pallottins sont expulsés du Cameroun, jusqu'en 1921 à l'arrivée des pères du Saint-Esprit. Le mouvement de conversion au catholicisme est important ; la fermeté allemande contribue à instaurer un respect rigoureux des exigences de la religion chez les chrétiens. Quelques-uns, sur l'interdiction expresse des missionnaires, abandonnent leurs cultes ancestraux et la polygamie diminue.

L'ACTION SOCIALE

À la scolarisation des enfants et à une formation de quelques élites s'ajoute une certaine action sociale provoquée par la réaction de la métropole. Dès 1895, le traitement des manœuvres est en principe réglementé. L'engagement est d'un an dans les plantations ; un salaire minimum et la nourriture doivent être assurés. Des visites régulières de contrôle sont cependant assurées par les agents de l'Administration, mais bien peu de planteurs respectent le règlement.

En 1909, un service social est créé et fonctionne, en principe, dans les grandes plantations. Cependant, le recrutement reste forcé et les travailleurs dans les plantations et sur les chantiers sont surveillés par des soldats en armes pour qu'ils ne s'échappent pas. Quelques femmes de leurs régions sont chargées de préparer leur nourriture, mais dans les régions hostiles à la tribu (les Ewondo-Bane présents en région bassa par exemple), les travailleurs trouvent difficilement les produits vivriers nécessaires.

Deux décrets poursuivent la lutte contre l'esclavage qu'avait lancé l'Angleterre quarante ans plus tôt. Le premier, le 28 juin 1895, défend la vente des esclaves à l'intérieur du pays. Le second, le 21 février 1902, adapte les habitudes locales en vue d'abolir progressivement la servitude traditionnelle.

La santé de la population du sud exige également des actions immédiates et d'envergure. Dans la région béti, la maladie du sommeil fait des ravages. En 1906-1907, une lutte générale est organisée grâce au docteur Koch qui découvre le remède ; les centres prophylactiques se multiplient. Les boissons alcoolisées introduites en partie par la traite dès le XVIᵉ siècle font l'objet de décisions sanitaires à partir de 1890 et en 1910, des taxes sur l'alcool font diminuer les importations.

TRANSFORMATION DE LA STRUCTURE ET DES INSTITUTIONS TRADITIONNELLES DE LA SOCIÉTÉ

Colonisation et réaction béti

L'implantation coloniale rencontre d'abord une résistance farouche des grands chefs béti-fang. Cependant, à mesure que les populations locales redoutent le déploiement des forces militaires allemandes, l'implantation devient relativement pacifique. Un ordre nouveau s'instaure, marqué par le démantèlement de la société traditionnelle. La relation maître-esclave (*ntôl-mot*-femmes) et celle client-esclave sont progressivement remplacées par la relation colonisateur-colonisé, instaurant une domination de puissance. Ce changement réveille chez les hommes la conscience de leurs liberté et dignité bafouées. Des *oban* (guerres de vengeance) éclatent, tandis que des groupes se battent pour repousser les anciens conquérants. Les chefs traditionnels, devenus agents du gouvernement impérial, perdent leur autorité, apparaissant comme des traîtres aux yeux de leurs peuples. Nombre de villages résistent. Les familles sont souvent privées de leurs hommes ; les femmes et les enfants restent seuls. La structure sociale se désorganise, la pression des anciens diminue, et les femmes connaissent une liberté accrue vis-à-vis du clan. Les devins et sorciers sont pourchassés et souvent exécutés, étant considérés comme des agents dangereux.

La société béti semble anéantie, mais dans l'ombre, une renaissance se prépare, menée par les conseils de chefs de guerre et animée par les maîtres du sacré, qui organisent la résistance par la sorcellerie et les attaques armées contre l'administration coloniale, les postes militaires et les stations commerciales. Seules les missions semblent épargnées, en raison de leur mode de vie distinct des autres institutions coloniales.

Au fur et à mesure que la lutte contre l'occupant s'intensifie, la société béti commence à se réorganiser sous l'influence de ses leaders. Ceux-ci favorisent une prise de conscience collective et la solidarité intertribale.

En même temps, la société coloniale se dégrade : plus elle frappe l'opposition, plus cette dernière s'organise. Les Sud-Camerounais, bien que peu documentés à cette époque, semblent désirer participer à l'enrichissement de leur région, avec l'introduction de la culture du cacao, du bananier et du caféier, particulièrement dans les régions de Douala, Mongo, Yaoundé et Ebolowa.

En 1915, les Allemands, encerclés par les Français et les Anglais, se replient sur la Guinée espagnole. Beaucoup de Béti, solidaires de leurs anciens maîtres, participent à l'affrontement contre les Français. Les populations restées sur place souffrent des conséquences du conflit : villages brûlés, plantations dévastées, et famine qui touche tout le sud. De nombreux travailleurs des plantations doivent parcourir des centaines de kilomètres à pied pour rentrer chez eux, subissant rançonnages et disparitions. Le changement de régime, la disparition de nombreux chefs et les règlements de comptes engendrent un climat de peur et de désordre.

Changements dans les structures familiales et sociales

La structure familiale traditionnelle béti est ébranlée par l'introduction des travaux forcés, des plantations, et de l'engagement dans l'armée impériale. Dès 1890, l'éloignement des jeunes hommes et des femmes âgées affaiblit l'emprise de la famille sur les jeunes et les femmes. Les jeunes hommes commencent à connaître une indépendance vis-à-vis de leurs pères, ce qui mine l'autorité traditionnelle des chefs de famille. Le contrôle patriarcal se relâche, et les conditions du mariage sont bouleversées. Le prétendant doit désormais verser des dons et redevances monétaires à la belle-famille. Les femmes mariées, plus autonomes grâce à cette compensation monétaire, peuvent quitter leurs époux pour vivre avec un autre homme. Ce changement naît avec l'introduction de la monnaie et de biens échangés avec les colons. La dot, qui servait à sceller l'alliance matrimoniale, perd son caractère sacré et devient une transaction commerciale, permettant aux Béti d'échanger des biens vivriers contre des produits importés.

Les sociétés initiatiques, qui étaient essentielles à la cohésion sociale et au maintien de l'ordre dans la société béti, sont gravement affectées par la colonisation. Les grandes associations, comme le *mevungu* et le *so*, sont combattues par l'administration coloniale et les missions chrétiennes.

TÉMOIGNAGES

Choyée dans le *dzâl* de ses parents, la petite fille qui arrive chez son époux connaît une vie sévère ; mais surtout, elle perd sa gaîté, sa joie de vivre, en perdant sa mère. Joseph Owono exprime ce drame féminin en racontant l'enfance d'une de ses tantes :

> « Bella était la plus insouciante des petites filles de son âge, heureuse de vivre au milieu des siens et de jouer avec ses petits frères turbulents et pleurnicheurs [...]. Tante Bella avait joué à beaucoup de jeux. Peu à peu, elle renonça à jouer avec ses frères et s'intéressa aux occupations de sa mère qu'elle commença à imiter, vers quatre ou cinq ans [...].
>
> Grand-mère ayant appris que son époux avait promis sa fille en mariage, en échange de la dot qui avait servi pour elle et qu'il avait volée, mais jamais restituée, se révoltait : "Allait-on vraiment lui retirer sa fille qu'elle aimait tant ?" [...]. Et cependant, cette fillette, c'était une épouse authentique ; une femme régulièrement mariée selon la coutume et qui n'allait pas tarder à rejoindre son vieux mari.
>
> Grand-mère avait juré qu'elle se tuerait, elle et l'enfant, si on lui enlevait sa fille avant six ans. Mais maintenant que Bella avait six ans, on allait venir la lui prendre. L'enfant ne comprenait rien au chagrin de sa mère, qui se mit à haïr les hommes, dont elle enviait la liberté, alors que les femmes, elle-même et la petite Bella, comme les autres ne s'appartenaient pas et n'avaient pas le droit de goûter, même dans l'enfance, à la paix familiale.
>
> Bella est enlevée à six ans et amenée chez son vieux mari. On chanta et on dansa pour fêter l'arrivée de Bella comme on fêtait toujours l'arrivée d'une nouvelle épouse.
>
> Désormais, Bella n'était plus *mbom,* la nouvelle épouse. Elle vivait chez elle, dans la même dignité et les mêmes droits que les autres femmes, ses coépouses, bien qu'elle fût encore en tutelle chez Na Mbezellé, Maman Mbezellé, comme elle avait coutume d'appeler sa tutrice.
>
> Bella pleurait le jour, elle pleurait la nuit. Mbezellé se donna entièrement à cette enfant et la soigna avec tant de tendresse que l'enfant finit par recouvrer la santé, mais elle perdit à jamais la gaîté en perdant sa mère. Elle revêtait une expression d'une infinie mélancolie qui ne l'a jamais quittée[8]. »

---

8 OWONO, Joseph. *Tante Bella.* Yaoundé : Librairie aux Messages, 1958.

Mais la vie des femmes béti n'est pas toujours aussi rude. Certaines vécurent heureuses chez leur mari. Des femmes âgées nous ont raconté en 1963 la préparation à leur vie d'épouse et son déroulement. Une Mvélé, cheftaine de Mveng-Menguémé près d'Esse et née vers 1907, relate :

> « Je suis venue chez mon mari sur le dos d'une personne de sa famille, que l'on avait dépêchée chez mon père. C'était au temps des Allemands. Je ne savais pas encore marcher et venais de la brousse d'Akonolinga à l'est, du lieu nommé Mvengan.
>
> On ne m'a pas dotée, mais on m'a échangée contre une femme de Mveng qui était la tante de mon mari et plus âgée que moi. Comme on estimait que j'avais plus de valeur que la femme, parce que j'étais plus jeune et qu'elle revenait d'un autre mariage où elle avait eu deux enfants, mon père a exigé en plus de l'échange 1 000 barres de fer (*bikié*), ce qui se faisait souvent à cette époque. Elle voulait épouser mon père, mais celui-ci n'avait pas de quoi payer la dot ; alors il me donna en échange à mon mari qui était le fils du frère de ma tante.
>
> Au village de mon mari, je fus élevée par sa grand-mère. Je me souviens que si je ne voulais pas rendre un service à quelqu'un, je n'osais plus passer devant lui et faisais un détour en passant derrière les cases [...]. J'apprenais à faire la cuisine et quand les femmes du *dzâl* allaient à la pêche ou à la plantation, je les accompagnais toujours, afin de faire comme elles, car je devais apprendre mon métier d'épouse. La grand-mère de mon mari m'aimait beaucoup, mais j'ai beaucoup souffert parce qu'on m'empêchait d'aller chez mes parents. Je n'ai donc jamais connu ma mère.
>
> Quand je désobéissais, on ne me battait pas. Ce n'est que lorsque je suis devenue femme, en mariage, que mon mari m'a battue. Dès que je devins femme, j'eus très vite deux enfants. C'était l'époque où nous nous fîmes inscrire, avec mon mari, au catéchuménat ; puis nous nous fîmes baptiser. Je ne voulais plus alors aller avec mon mari, car j'avais de plus en plus la nostalgie de chez moi. Mais comme j'avais deux enfants, je me suis résignée pour leur bien. J'ai eu en tout treize enfants, dont sept filles. Tous les garçons sont morts.
>
> Mon mari était bon pour moi, me donnant de quoi manger et me vêtir. J'étais finalement heureuse. Il me battait parfois pour me corriger, mais jamais comme une esclave. Mon mari vit toujours. Il est né un peu avant l'arrivée des Allemands dans le pays, vers 1890. Il est un ancien, il vient de prendre une autre femme qui est jeune. »

Ces sociétés se replient dans la clandestinité, mais préparent aussi une forme de résistance. C'est à cette époque que la conscience nationaliste commence à prendre forme, soutenue par des pratiques de résistance et des actions guerrières. Les grandes associations se dégradent sous la pression des missions et de l'administration. Le *mevungu*, qui créait un lien solide entre les femmes d'un village, disparaît avant 1915, accusé d'obscénité par les missions chrétiennes. De même, le *so*, qui était un rite viril et un moyen d'intégration sociale, disparaît également vers 1915. Le *mgil*, société secrète avec une fonction thérapeutique et judiciaire, joue un rôle central dans la résistance et la cohésion sociale, mais disparaît avant la Première Guerre mondiale sous la pression de l'administration allemande.

Syncrétisme entre religion traditionnelle et christianisme

La colonisation affecte profondément le sacré dans la société béti. Le christianisme s'oppose directement aux croyances traditionnelles ; les missions luttent contre les devins et sorciers, qu'elles considèrent comme des agents dangereux. Cependant, les rites traditionnels, notamment ceux du *mgbe*, restent vivants, surtout pendant les guerres de vengeance. Les sorciers et devins déclenchent la guerre des Bulu en 1890, et même après leur répression, les pratiques occultes se maintiennent dans la clandestinité. Les pères pallottins intensifient leurs efforts d'évangélisation à partir de 1903, cherchant à supprimer la religion traditionnelle et à éduquer les jeunes garçons dans les écoles missionnaires. Mais le prestige de la religion chrétienne est faible, et les autorités traditionnelles sont souvent discréditées lorsqu'elles se convertissent. Certains jeunes adoptent le christianisme par conviction, abandonnant les coutumes de leurs pères. Les premiers foyers monogames émergent parmi les convertis. Cependant, pour la majorité, deux religions sont pratiquées parallèlement : celle imposée par les colons et celle des ancêtres, considérée comme essentielle à la survie du groupe.

Dans ce système, le prêtre catholique devient la figure dominante du sacré, considéré comme supérieur aux sorciers traditionnels en raison de son pouvoir universel, lié à la force divine. Ce changement marque une transformation importante du sacré au sein de la société béti.

Martin-Paul Samba (1875-1914)

Mebenga m'Ebono, né vers 1875, est connu pour sa résistance contre le pouvoir colonial allemand au Cameroun.

Orphelin, il est élevé par son oncle et est l'un des premiers élèves de la mission américaine d'Ebolowa. À 16 ans, il est envoyé en Allemagne, où il fréquente l'Académie militaire allemande et est baptisé sous le nom de Martin-Paul Samba. Après avoir obtenu son diplôme en 1894, il retourne au Cameroun où il travaille pour les autorités coloniales allemandes, participant à plusieurs expéditions militaires pour soumettre les populations locales. Mais la brutalité des troupes allemandes met progressivement à mal sa loyauté et en 1902, il démissionne de son poste militaire et retourne à Ebolowa.

À partir de 1912, Martin-Paul Samba se consacre à la préparation d'une révolte contre les Allemands. Il cherche des alliés parmi les dirigeants des régions voisines, notamment Rudolf Douala Manga Bell. Ensemble, ils mettent en place un plan pour demander de l'aide auprès des forces coloniales ennemies des Allemands, notamment les Français et les Britanniques. Samba se rapproche également d'autres résistants, comme Madola du Batanga et Edande Mbita, dans le but de réunir des armes et de former une armée. Mais en 1914, leurs plans sont trahis. Une lettre envoyée par Samba aux forces françaises est interceptée et des stocks d'armes découverts chez plusieurs de ses collaborateurs.

Le 1er août 1914, il est arrêté et accusé de haute trahison. Le 8 août, après un procès militaire expéditif, Martin-Paul Samba et ses alliés sont fusillés par un peloton d'exécution à Ebolowa.

TÉMOIGNAGES

En 1963, Pierre Mebe, un Ewondo moniteur d'enseignement et catéchiste à Yaoundé à l'époque allemande, témoigne de l'attitude des hommes béti vis-à-vis des femmes :

« Un homme qui a marié une femme fait deux cases : une cuisine pour sa femme et une maison pour lui. Il n'habite pas avec sa femme parce que les manières des hommes ne sont pas les mêmes que celles des femmes.

De plus, la femme a honte et ne parle jamais avec son mari. Elle peut s'occuper de ses affaires dans sa cuisine, puisque l'homme a plusieurs femmes.

Il n'est pas bon que la femme vive près de l'homme, car le mari n'a pas les mêmes pensées que sa femme.

S'il reçoit d'autres hommes, ses frères, ses amis, il peut causer sérieusement avec eux dans l'*abaa*, son palais, pour traiter de ses affaires.

Le soir, il va à tour de rôle chez chacune de ses femmes. Il ne les fait pas venir chez lui, car elles pourraient troubler ses idées ; elles sont trop bêtes...

Et puis, comme elles ont honte, elles ne peuvent cracher à terre... Les Ewondo qui ont de l'éducation crachent dans les bosquets ou dans la maison pour marquer la sincérité de leurs paroles.

C'est la femme qui porte le bagage et le canari de vin lorsque son frère ou son mari part en voyage. C'est elle qui offre le feu à son mari dans la longue pipe (*abogo* ou *ntong*) qu'il porte suspendue à son cou ; les épouses le font à tour de rôle, le soir. »

L'éducation donnée aux filles pubères par leur tutrice consiste à savoir braver tous les dangers par plus de malice :

« Nous autres femmes, nous sommes comme les poulets, à la discrétion des hommes, disaient les épouses du vieil homme.

Et si nos mères ne nous avaient pas transmis le secret, nous n'aurions même pas la satisfaction de nous venger d'eux en les trompant continuellement. À eux la force brutale et l'autorité, à nous la finesse malicieuse et la soumission passive[9]. »

---

9 OWONO, Joseph. *Tante Bella*. Yaoundé : Librairie aux Messages, 1958.

« Voilà, petite fille, lui disaient les grandes femmes, voilà ce qui fait notre force.

En mentant et en trompant notre mari, nous avons au moins la satisfaction de nous venger de lui et de tous les hommes en général. À ton tour, il faut mentir. Toutes choses restent mystérieuses, fais semblant d'aimer ce que tu détestes et de détester ce que tu aimes, et même dans l'intimité avec un homme, tâche de lui faire comprendre de travers tout ce que tu lui dis[10]. »

Joseph Owono raconte au sujet de sa tante Bella que celle-ci, « malgré ses tribulations à Akoalman, pensait que sa conduite chez les Ewondo était indigne d'une femme mariée, la propriété d'un homme. Dès lors, elle cessa de poser des questions sur les agissements masculins et se conforma à toutes les obligations que comportait cette vie passive d'épouse » :

« Devant les nombreux interdits alimentaires, produits rares et goûteux, les femmes pensaient que c'était là leurs devoirs. Plus elles les respectaient, plus elles les observaient, mieux elles étaient cotées par les hommes.

Plus elles étaient menées rigidement, plus elles étaient pénétrées de leurs devoirs et obéissaient à l'homme, leur maître ».

Bella, perdant son enfant âgé de quatre ans, le sorcier déclare que l'enfant est mort de *ndang*, ce qui signifie que sa mère a trompé son mari. Elle est rouée de coups, traînée par terre, ligotée et attachée par le petit orteil. Puis elle est traînée devant une séance de *mevungu*.

En réaction, Bella ne voyait là qu'une manifestation normale de l'exercice du droit de tout homme sur toute femme. Elle disait qu'ils avaient le droit de disposer d'elle comme bon leur semblait, et paraissait offusquée quand j'insultais la mémoire de ses tortionnaires. "Tu as tort, mon enfant, me disait-elle. Tout ce qu'un mari décide ou impose à sa femme relève de son droit naturel. Nous autres, nous n'existons que parce que les hommes existent. Pas d'homme, pas de femme… Notre faiblesse nous empêche de résister aux hommes. Dès lors, il est inutile de combattre. C'est Zamba, Dieu, qui l'a décidé ainsi ; désobéir à l'homme c'est essayer de renverser les rôles établis par Ntondo-Obe"[11]. »

---

10   *Ibid.*
11   *Ibid.*

ÉVOLUTION DE LA CONDITION FÉMININE

Vie et statuts des femmes béti

Lorsqu'à la fin du XIXe siècle, les Allemands organisent le regroupement des populations béti dans des villages installés le long des pistes de migration, les anciens restent en brousse, tandis que les jeunes chefs de famille se rapprochent des voies de communication, dans l'espoir d'une vie meilleure. Les épouses vivent sur un territoire désormais élargi. Ainsi, leurs tâches s'en trouvent alourdies par la distance, car les champs vivriers dont elles ont la charge restent sur les anciens emplacements, tandis que les cultures nouvelles auxquelles elles participent s'étendent près du nouveau village. Une forme de vie se maintient vigoureusement dans les villages de plantations où se développe l'opposition à l'occupant. Les femmes ne sont plus le sujet et la cause des nombreuses guerres tribales ; au contraire, elles s'associent plus étroitement à l'activité des hommes qui luttent contre « le Blanc qui tue ».

Quelques récits recueillis auprès de femmes béti illustrent la vie qu'elles menaient entre 1897 et 1915. À cette époque, les petites filles sont mariées entre six mois et six ans ; parfois, un ami de la famille demande comme épouse, à la future mère, l'enfant qu'elle va mettre au monde : « si c'est une fille », précise-t-il. Le mariage, alliance entre deux *mvôk*, évolue lentement.

La principale activité de la femme est la culture. C'est un travail qu'elle a appris dès son jeune âge. Elle passe aux champs les deux tiers de sa journée. La pêche, pendant la saison sèche, remplace souvent les travaux agricoles. De plus, culture et pêche sont souvent des occupations collectives qui réunissent les femmes d'un même *nda-bôt*. Avant 1916, le portage des produits vivriers vers les postes administratifs et les travaux forcés pour les plus âgées alourdissent encore les charges féminines. La femme béti apparaît à cette époque comme essentiellement dépendante : dépendante des hommes, dépendante de la société. Avant son mariage, elle est sous la dépendance de ses pères et frères. Après son mariage, elle est sous la dépendance de son mari et de sa famille. L'homme est le maître incontesté. Il est le propriétaire de sa femme : il a tous les droits sur elle, les vieux l'affirment encore en 1966. À tout âge, l'épouse doit se soumettre à son mari et accomplir avec ardeur tous les travaux des champs et de la maison

TÉMOIGNAGES

Deux femmes âgées nous ont raconté comment, petites filles, elles avaient été préparées à leur rôle d'épouses et leur vie de femme mariée.

Pangras Afogo, une Eton-Nanienbassa cheftaine de Mékimébodo I, née vers 1893, raconte sa jeunesse :

> « Quand j'étais enfant, nous habitions en forêt, à Essumbudi, chez les Niamessala. Il n'y avait pas de route. Les petites filles ne se promenaient jamais dans les autres villages. Notre mère nous défendait aussi d'entrer dans les cases des quatre autres femmes de mon père. Non loin de la case de ma mère, il y avait des monticules de terre sur lesquels poussaient des champignons. Le matin, quand notre mère partait au champ, elle nous laissait auprès de ces monticules, occupées à décortiquer des citrouilles, en silence afin de surveiller les champignons qui poussaient. Nous restions là afin d'empêcher les autres femmes de mon père de prendre les précieux champignons. Notre mère nous apprenait à ne pas voler, à ne pas mentir, à travailler la terre et à préparer la nourriture.
>
> Très jeunes, les garçons furent pris en main par notre père, notre mère s'occupant spécialement des filles.
>
> Elle m'apprit aussi à ne pas répondre à mon mari lorsqu'il me parlerait, à me taire en toutes circonstances, à ne pas me promener dans les maisons des femmes de mon mari pour dire des mensonges.
>
> Dès l'âge de six ans, je me levais le matin vers six heures, je chauffais les restes de la veille, puis je prenais le chemin de la plantation marchant derrière notre mère. Vers onze heures, je m'arrêtais de travailler pour aller chercher des légumes dans un autre champ, et du manioc que je mettais à tremper dans la rivière pendant trois jours, avant d'en faire des bâtons, assise près de la rivière.
>
> Je faisais les mêmes travaux que maman. Entrées à la maison, nous faisions cuire les bâtons dans la marmite, les enveloppant de larges feuilles. Lorsqu'ils étaient cuits, maman les partageait entre les femmes de mon père en disant : "Voici les bâtons que vos filles apprennent à faire."
>
> Comme maman Biloa était la première épouse, elle était chargée d'élever tous les enfants de notre père Akono. Après le travail, nous allions nous baigner et maman nous défendait de jouer avec les autres petites filles du village, disant : "si mes filles

apprennent à jouer, elles ne feront que jouer toute la journée." Après le bain, s'il était midi, maman nous disait d'écraser l'écorce rouge pour nous en enduire les pieds et le corps, afin d'être belles. À notre âge, et tant que nous n'étions pas devenues femmes, nous restions nues.

Les hommes étaient vêtus de l'*abom,* en écorce d'arbres et les femmes de feuilles de bananiers un peu sèches. Nous les enlevions le soir avant de nous coucher.

Nous ne mangions jamais avec notre père. Maman nous donnait la nourriture à part dans la cuisine, dans une assiette en bois. Nous mangions par terre des légumes et du manioc, tandis que notre mère apportait le plat au père. Quand nous avions fini de manger, nous allions parfois le soir dans l'*abaa*, la maison de notre père.

Elle était au commencement du village et celle de notre mère à l'extrémité. Les maisons se distribuaient ainsi : la dernière épouse arrivée ayant sa case la plus près de celle du mari et la première étant la plus éloignée. C'était pour montrer que la première épouse avait fondé le village. Lorsqu'il nous réunissait le soir, notre père nous disait ce que les femmes n'ont pas l'autorisation de manger. Seuls la poule, les légumes, le manioc et le macabo, le crabe et les carpes nous étaient permis ; le reste nous aurait donné des hernies.

Quand mon mari me prit chez lui, j'avais environ dix ans. Je n'avais pas encore connu l'homme. Il avait déjà quatre femmes. Il me confia à sa première femme. Tant qu'il ne me prit pas comme épouse, je travaillais dans le même champ que sa première femme.

Une seule fois par an, pendant la petite saison sèche, au mois de juillet, au moment de la récolte des arachides, nous allions danser en forêt le *lenfougon*. Il était réservé aux femmes faisant partie d'un groupe d'initiées.

À la mort de mon mari, j'ai dû faire l'*akus*. Maintenant (1963), je suis cheftaine de ce village. Les femmes m'ont choisie parce que je fais tout ici comme si j'avais un fils.

La vie est meilleure depuis que la religion est venue. Dans le village, je suis chargée de toutes les affaires des femmes. Mais quand je donne des conseils aux jeunes, elles disent que ce sont des conseils d'autrefois. Quand je leur dis de respecter leurs parents, les vieux et les vieilles, elles me répondent : "Tu me parles, toi, qui es-tu ?" ».

Une veuve du père du chef de Koudandeng, une Eton-Essele, née vers 1880-83, raconte :

« J'avais perdu ma maman très petite, vers deux ans ; ce sont mes frères qui me conduisirent chez mon mari.

Ma belle-mère s'occupa de moi comme une mère, m'apprenant à faire la cuisine, les plantations, à me laver, à balayer. Quand j'eus des enfants, c'est elle qui les berçait. Cela me faisait grand plaisir.

Mon mari avait trois femmes. Je ne voulais pas de lui, car il était beaucoup plus âgé que moi. Quand j'eus l'âge d'aller avec lui, on me dit, pour me convaincre, qu'il était riche et qu'il avait des enfants à élever. Avec les miens, je dus donc élever dix-sept enfants. Les épouses de mon mari étant toutes mortes, il n'en reprit plus d'autres. Il était trop âgé.

Mon mari m'aimait beaucoup. Quand j'accouchais, c'est lui qui faisait la cuisine. Il me défendait contre les gens du dehors et m'appelait toujours *momono wom*, ma petite. Il cherchait de l'eau et du bois pour moi et ne voulait pas que j'aille avec les autres femmes. C'était un homme très puissant. Il était très aimé de tout le village. On l'a beaucoup pleuré quand il est mort. Il était très beau, grand et chef d'une famille très nombreuse.

Quand il est mort, je ne fus pas maltraitée, car j'avais encore un bébé dans les bras. Je fus héritée par ses deux neveux, mes nouveaux maris, parce qu'ils étaient chargés de s'occuper de moi.

Plus tard, les gens m'ont beaucoup respectée parce que je devenais l'aînée du village. Je donnais de la nourriture à presque toutes les femmes du village, car mon immense plantation produisait beaucoup. Elles allaient chercher les produits dans mon champ ; il était comme public. Je donnais des coqs aux hommes du village. En contrepartie, les femmes me rendaient des services. Un jour, un homme dit à ses filles d'y aller pour moi, car les produits étaient trop lourds pour que je les ramène au village.

On venait souvent me demander conseil pour des palabres, par exemple lorsqu'un homme désirait prendre une femme. On me confiait des enfants à élever et les enfants du village venaient souvent me voir.

Je ne savais rien d'autre que cultiver la terre et élever les enfants. Maintenant, les enfants que j'ai élevés sont de grands personnages. Moi, je ne vaux plus rien et j'attends le ciel, s'il existe. »

afin d'assurer la survie du groupe. Par ailleurs, elle ne peut sortir de leur village et y est ramenée par les clans voisins au cas où elle se sauve du domicile conjugal. Elle ne peut aller au champ, à la pêche et pratiquer l'entraide qu'avec les femmes du *nda-bôt* de son mari. Elle est utile au groupe et c'est en fonction de cette utilité que sa place est définie dans la société. Éternelle apatride destinée à satisfaire la loi d'exogamie et le mariage virilocal, elle doit partir de chez elle dès son jeune âge dans le clan choisi par ses pères. Dans la famille de son mari, elle est « l'étrangère », l'ennemie virtuelle du *mvôk*, jusqu'à ce qu'elle ait prouvé qu'elle veut le bien du groupe par sa fécondité et son dévouement. Elle est la richesse par excellence : dans les razzias, les femmes font partie du butin et sont partagées entre les guerriers. Un grand polygame prête une partie de ses femmes à ses clients en paiement de leurs services. À la mort de leur mari, elles font partie de l'héritage du défunt et sont distribuées selon leur valeur et l'ordre de primogéniture aux frères et aux héritiers de l'époux. Dans le jeu de l'*abbia*, celui qui a perdu plusieurs fois devait donner une grosse quantité de *bikié*, jusqu'à 1 000. Mais s'il n'en avait pas, il devait payer sa dette en se livrant en esclavage, ou en donnant sa femme ou sa fille. Ce qu'il choisissait de préférence.

La femme béti est également à cette époque source d'égalité pour la société, par l'échange et la consommation de richesses qu'elle provoque entre deux clans rivaux. Indispensable agent économique, elle sème, récolte, nourrit la famille et les amis de son mari. Elle est la principale intermédiaire entre les générations et créatrice de générations futures. C'est pourquoi la principale qualité que l'on attend d'elle est sa fécondité. La puberté chez la fille marque le début de son rôle de créatrice de vie. Elle doit remplir ce rôle le plus vite possible, sous peine d'être accusée de refuser d'alimenter le courant vital du clan. Elle devient *nya-ngal*, vraie femme, en perdant sa virginité. Elle acquiert dignité et respect dans la mesure où elle a des enfants en bonne santé, où elle favorise l'entrée dans un clan d'une femme qui va donner la vie ; en effet, par son mariage, elle permet à ses frères de recevoir une femme en échange. Les femmes âgées de cette époque vivent une vieillesse heureuse dans la mesure où elles ont de grands fils mariés pour les défendre, les protéger, et une belle-fille pour les aider. Elles sont alors écoutées et respectées par tout le village parce qu'elles ont de l'expérience et de la sagesse. Les parents ne peuvent refuser à leur mère et belle-mère la présence chez elle d'un de leurs enfants, garçon ou petite fille, qui est chargé de l'aider et de lui tenir compagnie. Seules les vieilles femmes n'ayant pas eu d'enfants sont souvent soupçonnées d'être méchantes et dangereuses pour la société. Craintes de tout le *dzâl*, elles vivent retirées. La méfiance, la crainte et la haine dont elles sont entourées semblent avoir contribué à en faire des *beyem*, femmes ayant été envoûtées, ce qui a délié leur *evu*. Il leur donne un pouvoir qu'elles utilisent pour faire le mal. On les appelle sorcières, et l'on pense qu'elles ont un ou plusieurs esprits à leur service. Aux dires des victimes et de la population, leur principale activité est l'envoûtement, moyen de vengeance sur une société qui les rejette, parce que stériles.

La vision de l'homme par la femme de cette époque

Pour la femme, l'homme est d'abord un être libre ; enfant, il peut courir où il veut et ne rentre à la maison que le soir. La petite fille ne doit pas quitter la cour familiale. Tandis que le garçon grandit en paix au milieu de sa famille, la petite fille, bébé ou jeune enfant, est emmenée loin de sa mère, de son village, chez son époux, où elle est soumise à la volonté de son maître et mise au travail dès l'âge de cinq ou six ans. Toute son éducation la prépare à reconnaître le droit absolu de l'homme sur elle. Il détient la force, valeur suprême, car source de vie. Pendant que le chef de famille surveille et dirige ses épouses et l'ensemble de son *dzâl*, clients, enfants et frères plus jeunes, les épouses cherchent en fait à tromper son attention. La femme se méfie constamment de son époux, comme les épouses se méfient les unes des autres ; l'épouse mécontente de son sort invente mille tours pour berner son mari. Sa ruse a maintes fois raison de lui. C'est à travers ses amours interdits qu'elle affirme sa part de liberté. Il n'est pas rare alors de voir un époux en furie chercher sa femme qui s'est sauvée chez son amant. Ce droit de vie et de mort, les femmes béti de cette époque le reconnaissent, sans toujours l'accepter. Il est fréquent alors d'accompagner dans la tombe son mari qui vient de décéder. Mais par son comportement déviant, la jeune femme ne craint pas d'affirmer qu'en fait elle arrive à échapper au sort qui lui a été dévolu et à conquérir quelque indépendance vis-à-vis des hommes.

Lorsque son mari a été trop brutal, elle se sauve chez sa mère et n'en revient que lorsque ce dernier se présente avec des cadeaux pour rétablir l'alliance.

Elle va accoucher dans son *dzâl*, son village natal, et y reste jusqu'à ce que son époux vienne la chercher avec les cadeaux d'usage. Le mari est souvent obligé de fermer les yeux sur les escapades de sa femme chez ses amants. Si personne ne le sait, l'affaire passe. De son côté, si la femme apprend que son mari a commis un inceste, elle avertit toutes les vieilles du *nda-bôt* ou du *mvôk*, qui à leur tour préviennent les anciens. Ces derniers révèlent lors de l'assemblée familiale, comme un bruit qui court, qu'ils ont entendu dire que cet homme a rompu l'interdit de l'inceste. Naturellement, les deux partenaires se surveillent.

Lorsqu'elle a donné le jour à de nombreux enfants, que ses travaux agricoles ont porté beaucoup de fruits, qu'elle s'est avérée experte en préparation culinaire, capable de nourrir les parents et amis de son mari, bonne éducatrice, habile à guérir, à résoudre les difficultés entre coépouses, la femme mariée acquiert un statut élevé, ce qui l'encourage à développer tout son potentiel de dynamisme et, par conséquent, son influence. Lorsque, depuis de longues années, l'épouse s'impose à la famille de son mari par sa sagesse et son expérience, par son long dévouement, elle devient la conseillère pour les femmes et l'assemblée du *nda-bôt* : palabres familiales ; rapt ou fuite de femmes ; problèmes de terrains. Sa vitalité, son esprit d'initiative, son intelligence, lui permettent parfois d'influencer indirectement l'évolution d'une société, où, en fin de compte, la valeur personnelle réussit souvent à triompher. On l'appelle alors *mfan-minga* (vraie femme), sous-entendu « femme qui se respecte ». Elle a réalisé l'équilibre d'un être humain, participant sans cesse à l'ordre et au renforcement vital de la société. L'étape vitale la plus élevée est franchie par l'épouse, mère de nombreux enfants, dont les premiers-nés, de grands fils, sont arrivés au seuil de la vie d'homme, à la veille de leur mariage. On l'appelle *mena-nnia* ou *ña-mininga*, « mère du pays ». C'est souvent la première épouse du *ntôl-mot*. C'est la femme la plus valorisée, la femme « qui dépasse les autres ». C'est une épouse en qui son mari a confiance, parce qu'elle a fait ses preuves, « qu'elle lui a rendu des services, qu'il n'a jamais été malade avec la nourriture qu'elle lui a donnée ». Cette étape est pour elle le signe de l'intégration sociale maximale, en même temps qu'elle manifeste la réalisation de liens de réciprocité et de solidarité totale de l'épouse avec son mari.

BOULEVERSEMENT ET RÉINVENTIONS DES ASSOCIATIONS FÉMININES

Persistance et évolution des associations

Les associations féminines, tout au long des grandes transformations politiques, administratives et économiques provoquées par la colonisation allemande, sont profondément affectées dans leurs activités et leur efficacité. Les travaux forcés, l'action missionnaire, ainsi que les déplacements obligatoires et inévitables entraînés par les mesures de collecte des produits agricoles, démantèlent leurs structures et bouleversent leurs formes d'expression. Les classes d'âge qui groupaient les femmes, de leur enfance à leur vieillesse, éclatent : les femmes âgées se retrouvent parfois sur les chantiers, sur les routes ; des femmes en pleine activité sont réquisitionnées pour faire la cuisine des travailleurs dans les grandes plantations ; d'autres doivent passer plusieurs mois en voyage pour aller porter des produits vivriers à leur époux ou leurs frères.

Bien que les systèmes d'entraide ne fonctionnent souvent plus entre membres du *dzâl* et entre femmes de même origine ethnique, cette organisation tente de se maintenir dans les villages éloignés des pistes. Les travaux agricoles se font encore en commun entre femmes de polygames. À tour de rôle, le groupe va cultiver les champs de chacune des participantes. L'entraide alimentaire, en cas de maladie ou d'accouchement, joue surtout entre femmes de même origine ethnique. À ces occupations matérielles se joignent de nombreuses activités sacrées. Les femmes d'un même village se groupent fréquemment par classe d'âge pour célébrer ensemble un rite agraire. Parfois, une cérémonie de confession et une manducation collective sont les moyens d'appeler un bien sur le groupe ou d'éloigner le mal. Ces rites sont secrets, et les premiers échos qui parviennent aux oreilles des missionnaires vers 1900-1905 les font rapidement interdire comme actes de sorcellerie et « affaires de sauvages ».

La plupart des rites féminins semblent avoir persisté au-delà de la Première Guerre mondiale. Certains, comme le *ngas*, le plus solennel, ont cependant perdu de leurs adeptes lorsque les missions, dénonçant comme perverse la pratique des rituels, ont donné mauvaise conscience aux néophytes chrétiennes les plus croyantes. Celles qui abandonnent les pratiques traditionnelles gardent cependant un regret, une certaine inquiétude. Leur choix entre deux forces aurait tenu à leur crainte de se voir refuser les sacrements de la religion catholique. Cela aurait été pour elles une plus grande perte de vie que l'absence du flux vital apporté par la pratique des rites ancestraux, le missionnaire ayant maintes fois fait la preuve que son Dieu était plus fort que celui des ancêtres. De plus, les *ngan*, engins de sûreté contre les maléfices des *beyem*, les connaisseurs malveillants, sont recherchés et confisqués par les missionnaires qui les brûlent. De nombreuses cérémonies sont également découvertes par eux. Rites et objets perdent alors leur caractère sacré – car le sacré doit rester secret – et, par conséquent, leur efficacité. Vers 1910, le rite commence donc à glisser d'une fonction religieuse à une fonction magique. C'est un outil qui peu à peu perd sa signification pour la femme qui le pratique, mais qui agit par la force qu'on lui attribue.

Tandis que les clans des régions proches des centres administratifs, parcourues par l'armée, les commerçants et les missionnaires, sont fortement influencés par ce glissement, les tribus béti les plus isolées ou les plus résistantes à la pénétration étrangère, comme les Manguisa et les Mvélé, conservent intact le sens traditionnel de leurs associations. Certaines cherchent à résoudre les difficultés nouvelles ou à se protéger des maux nés de la colonisation : maladies vénériennes ; travaux forcés ; besoin de monnaie. Les femmes organisent aussi des associations pour se renforcer personnellement et collectivement face à la domination et à la tyrannie masculine, ainsi que pour se protéger des forces malveillantes : ancêtres morts et esprits (*bèkôn*), ainsi que des sorciers (*beyem*) qui cherchent à orienter les forces nocives sur leurs ennemies, afin de leur envoyer calamités et maladies de leur choix. Ces buts sont parmi ceux qui contribuent le mieux à accroître la cohésion féminine et la participation des femmes aux rituels connaît alors une grande intensité. Rares sont celles qui restent à l'écart de cette activité essentielle à leur survie.

Les rites : propitiation, purification et sanation

Qu'ils aient disparu ou évolué au cours de cette période qui va de la pénétration allemande à l'organisation de l'occupation française, il paraît nécessaire de décrire quelques rites connus et de les grouper selon les buts recherchés par leurs initiatrices. On peut les classer en trois catégories : les rites de propitiation, dont l'objet était d'attirer la fécondité sur soi, sa famille ou ses cultures ; les rites de purification contre le sang versé, ou rites de sanation pour délivrer d'un mal ou d'une faute ; les rites de protection contre le mal d'où qu'il vienne.

La plupart des rituels sont collectifs. Lorsque les femmes y participent, comme dans le *melan* et le *ngi*, on remarque que ces rituels sont destinés à réagir à une atteinte à la vie du groupe, par exemple une famine, une épidémie, une recrudescence de mortalité infantile, ou de stérilité des femmes. La participation masculine et féminine à ces rituels fait ressortir l'unité bisexuelle indispensable à toute intervention concernant la vie du groupe et le rôle capital de la femme lorsque ce mal atteint le groupe. On lui octroie généralement le rôle de bouc émissaire : elle est supposée la grande coupable ; on va jusqu'à la mettre à mort, sauf quand elle était très supportée par sa propre famille. Mais dans les rituels de propitiation, elle est celle qui apporte la fécondité au groupe. Son rôle est donc double dans ces appels collectifs : elle est considérée comme le mal nécessaire, signe de mort, et le moyen du passage à la vie ; elle est au centre de l'acte complet, au croisement. Chaque rite et son initiation avaient leurs danses, souvent de fécondité, leurs chants et leurs incantations qu'entonnait la *beyia-bia*, chantre et chef de chœur ; toutes les initiées reprenant ensemble une phrase rituelle.

Les freins au développement vital – stérilité, fréquente à cette époque, car les femmes de grands polygames voyaient rarement leur époux ; accidents de la grossesse ; mortalité infantile élevée ; maladie de la mère ou de ses enfants – donnent lieu à des rituels[12]. Ils sont autant de luttes contre le mal qui atteint le groupe et réactualisent la relation dialectique pour ramener la fécondité. Ainsi les rites *ndongo* et *tsogo* combattent la stérilité ; le rite *akoa* (ou *kna*), fait par les deux époux, permet à la femme enceinte de conserver son enfant. Parfois, un foyer stérile décide de faire « *mazili ndzoé yanda bit* », de rechercher la cause de la stérilité, tant cette capacité est source générale de vie pour l'individu comme pour le groupe. Lorsque le sort du groupe est en jeu, que l'époux se plaint de la stérilité de ses femmes, de l'improductivité du sol ou de la chasse, l'*ekomba* (la première épouse) organise le *mevungu*.

---

12 Par les adeptes du culte (formant une association).

LES RITES

Secrètes, les associations et leurs rites sont peu ou pas connus. Nous ne pouvons donc en faire une étude complète, mais approfondirons certains d'entre eux qui nous permettront de voir comment la femme, en participant aux *aken*, apporte une réponse aux problèmes qui se posent à la société et fait évoluer celle-ci.

Rites de propitiation

Les rites de propitiation visent à attirer la fécondité et la prospérité sur les individus et leurs activités. Parmi les principaux, on trouve le *mbabi*, rituel collectif de fécondité pour les adultes désireux d'avoir des enfants. Ce rite implique des chants, des danses et des offrandes pour solliciter la bienveillance des esprits et des ancêtres. Le *melan*, de son côté, est une association d'initiés chargée de garder les crânes des ancêtres et de protéger contre les maléfices. Ces rituels renforcent les liens entre les vivants et les défunts, assurant ainsi la continuité et la protection de la communauté.

Les rites agraires établissent un lien entre la fertilité du sol et la fécondité des femmes. Ils incluent des cérémonies avant les semailles, comme l'*etogo-bidi* chez les Manguisa. Ce rituel implique des offrandes de produits agricoles, des prières et des chants pour assurer une bonne récolte. Les rituels au moment des récoltes, quant à eux, remercient les esprits et les ancêtres pour l'abondance obtenue et sollicitent leur soutien pour les prochaines semailles. Les participants partagent les fruits de la récolte avec les esprits en les jetant dans les rivières ou la brousse.

Rites de purification et de sanation

Ces rites ont pour but de délivrer d'un mal ou de se purifier du sang versé. Le *mevungu*, par exemple, est un grand rite d'initiation féminine pour favoriser la prospérité et combattre les forces nuisibles. Ce rituel est réservé aux femmes et comporte des séances de chants, de danses et de purification par l'eau et les herbes sacrées. D'autres cérémonies, comme le *mazili ndzoé yanda bit*, sont pratiquées pour remédier à la stérilité d'un couple. Ces rituels impliquent des prières, des offrandes et des invocations pour restaurer l'équilibre et la fécondité du couple.

Les rites de passage, tels que l'*akus*, accompagnent le long processus de deuil et de purification des veuves après la mort de leur mari. Ce rituel permet aux veuves de se libérer du deuil et de retrouver une nouvelle vie. Elles participent à des cérémonies de purification, des prières et des chants pour restaurer leur équilibre vital. Les rites funéraires, en général, honorent la mémoire des défunts et assurent leur transition vers l'au-delà. Ils impliquent des prières, des chants, des danses et des offrandes pour apaiser les esprits des défunts et solliciter leur protection pour les vivants.

Les rites traditionnels béti jouent un rôle crucial dans la préservation de l'ordre social, la protection contre les forces nuisibles et la promotion de la fécondité et de la prospérité. Ces cérémonies, profondément ancrées dans la culture béti, reflètent une vision du monde où le sacré et le profane sont intimement liés.

Rites de protection

Les rites de protection, tels que le *ngas*, cherchent à protéger contre les esprits, les maléfices et la tyrannie. Ces cérémonies impliquent souvent des chants et des danses symboliques pour renforcer la fécondité et la force vitale des participantes. Le *ngas* est un rituel collectif où les membres de la communauté se réunissent pour invoquer les esprits protecteurs et chasser les forces du mal. Les participants réalisent des incantations, des prières et des offrandes pour assurer la protection de tous.

Les rites liés à la naissance, tels que l'*eban abum* et l'*efanga bendoman*, visent à protéger le germe vital et à assurer une grossesse et un accouchement réussis. Ces cérémonies marquent également la transition entre différentes phases de la vie de l'enfant et des parents. L'*eban abum* est un rituel de protection pour la mère et le nouveau-né, impliquant des prières, des chants et des offrandes pour assurer leur santé et leur bien-être. L'*efanga bendoman*, quant à lui, est un rite de passage célébrant la naissance et accueillant l'enfant dans la communauté.

1916-1919
La France et le Royaume-Uni se partagent provisoirement les territoires du Kamerun

1er décembre 1916
Décret créant un service d'hygiène

28 juin 1919
Traité de Versailles : l'Allemagne renonce à tous ses droits sur le Kamerun

1918
Le gouverneur Lucien Fourneau créé l'enseignement officiel français

16 février 1917
Décret fixant les conditions du portage

23 mars 1921
La Société des Nations place le Cameroun sous un mandat franco-britannique de classe B

1921-1922
Ouverture des sixas au Cameroun

26 mai 1934
Décret fixant l'âge minimum du mariage à 14 ans pour la fille et à 16 ans pour le garçon

11 novembre 1928
Mesure autorisant le divorce en cas de polygamie, sous la condition que l'un des conjoints se soit engagé lors du contrat de mariage à rester monogame

1936
Le père Bonneau et le docteur Aujoulat créent les Cercles d'évolués

1938
Ouverture des deux premières écoles ménagères

1940
Le père Bonneau introduit la Légion de Marie au Cameroun

CHAPITRE II
1921-1943
SI YOO, VIVRE LIBRE

« Mon père arriva alors, accusa les frères du feu mari qui se sauvèrent… Il m'emmena directement chez un autre homme (j'avais six à sept ans) dont il avait reçu en dot 3 000 barres de fer, 700 francs, 5 chèvres et 1 porc. C'était le chef Ze Menduga (Mvélé nord).

Je me suis débattue. Mais mon père m'a forcée parce que j'étais dotée (nous étions dix enfants, dont cinq filles qui partirent toutes en mariage au même âge). Maman était très malheureuse de voir ses filles si maltraitées et portait parfois plainte contre son mari devant le chef ou à Yaoundé.

Il m'avait confiée à une de ses femmes qui fut un peu bonne pour moi. Je suis devenue femme chez lui. Mais je ne voulais pas de cet homme parce qu'il était vieux et je partis habiter à la mission de Nkol Livolo (près d'Esse). Je remboursais moi-même la dot à cet homme. »

Témoignage en 1963 d'Ada, femme mvélé du groupe *mvog Eyae*, enlevée à l'âge de trois ou quatre ans par son premier mari (vers 1916-1917)

DÉMANTÈLEMENT DU PROTECTORAT ALLEMAND : UNE DEUXIÈME ÈRE COLONIALE S'OUVRE POUR LE CAMEROUN

Le Cameroun sous mandat franco-britannique

Les Français, pénétrant dans Yaoundé en 1916, sont étonnés de trouver un grand vide parmi la population, dont une partie a suivi les Allemands dans leur exil. À Yaoundé, les chefs demeurés sur place se présentent aux vainqueurs. La population, elle-même, ne fait aucune difficulté pour les accueillir. Pour s'attirer la sympathie des habitants, le général Aymerich leur dit qu'ils vont inaugurer pour eux une ère de liberté. Pendant l'exil de Charles Atangana, qui a suivi les Allemands, il nomme Jean Atemengue, un de ses parents, chef supérieur des Ewondo-Bane.

Entre 1916 et 1919, le Cameroun est partagé provisoirement entre l'Angleterre et la France. Le général Aymerich, puis le commissaire de la République Lucien Fourneau sont responsables du territoire sous mandat français. Le gouverneur Carde prend la relève en 1919. La mobilité du personnel sera un frein à toute action à long terme ; entre 1916 et 1945, dix commissaires de la République se succèdent. Leur première tâche est de réorganiser le pays et de favoriser par une action sanitaire, scolaire et sociale une promotion générale. Le 14 mai 1916, le territoire français est ainsi divisé en neuf circonscriptions[13], confiées à un officier. Elles augmenteront avec la complexité croissante de l'appareil administratif et économique. De dix-sept en 1935, elles passent à quatorze en 1941 et à vingt-deux en 1943. En 1916, la France cherche à « gagner les populations autochtones et à déclencher une évolution générale » dans la perspective de se voir confier le Cameroun.

En juin 1919, avec le traité de Versailles, l'Allemagne renonce définitivement à toutes prétentions sur le Kamerun. Quelques semaines plus tard, la frontière entre les Camerouns français et britanniques est confirmée par la Déclaration de Londres et le 23 mars 1921, la Société des Nations maintient le partage du territoire en deux zones, anglaise et française, confiant à la France le mandat du Cameroun Oriental. Mais en 1919, le pays est encore entièrement désorganisé par la guerre et les multiples répressions et guerres de vengeance. Les villages et les quartiers des villes ont été

---

13 Dont Yaoundé, Edéa, Kribi et Ebolowa dans le sud sont des chefs-lieux.

Général Joseph Gaudérique Aymerich (1858-1937)

Officier militaire français, Joseph Aymerich est connu pour son rôle dans la conquête coloniale de l'Afrique, notamment au Cameroun. Servant dans l'armée coloniale française, il participe à plusieurs campagnes militaires en Afrique occidentale et centrale.

En 1914, au début de la Première Guerre mondiale, il reçoit la mission de conquérir le Cameroun, alors sous domination allemande. À la tête d'une force composée de troupes françaises, de tirailleurs africains et de soldats alliés britanniques, il mène une offensive depuis l'Afrique-Équatoriale française (AEF), attaquant les positions allemandes par le nord et l'est du territoire. Son avancée, coordonnée avec les forces britanniques, aboutit à la prise de Douala en septembre 1914 et à une progression rapide vers l'intérieur du pays. En février 1916, il force la reddition des Allemands à Mora, mettant fin à leur domination sur le Cameroun.

Après la guerre, Aymerich occupe divers postes administratifs et militaires au sein de l'empire colonial français avant de prendre sa retraite.

incendiés ou détruits. Le gouverneur Carde va restructurer les responsabilités. Deux conseils, du contentieux administratif et d'administration, l'assistent. Un type unique d'autorité indigène hiérarchisée est créé dans le sud : chefs supérieurs, chefs de groupement, chefs de villages. Les plus importants reçoivent un traitement symbolique et siègent dans des Conseils de notables aux attributions mal définies. En fait, ils vont servir d'intermédiaires entre les administrateurs français et la population.

Le rôle des chefs supérieurs s'avère difficile, car l'administration se sert de leur autorité coutumière pour obtenir des populations la réalisation des programmes qu'elle s'est fixés. Souvent haussés au pouvoir par les Blancs,

Territoire sous mandat

Un territoire sous mandat de la SDN est une ancienne colonie d'un État vaincu de la Première Guerre mondiale – principalement l'Allemagne et l'Empire ottoman – placée sous l'administration d'une puissance victorieuse, sous la supervision de la SDN. Ce système, mis en place en 1919 par le Traité de Versailles, visait officiellement à guider ces territoires vers l'autonomie ou l'indépendance.

Le Cameroun, ancien protectorat allemand, devient un territoire sous mandat de type B, regardé comme un territoire moins développés que ceux de catégorie A, nécessitant donc une administration plus stricte, mais avec un engagement à interdire la traite des esclaves et le travail forcé. Il est partagé entre la France et le Royaume-Uni en 1921. La France administre la plus grande partie du territoire, appliquant des règles proches de celles de ses colonies, tandis que le Royaume-Uni gère une zone plus réduite, rattachée au Nigeria.

les chefs supérieurs deviennent les auxiliaires des administrateurs français. Chargés de transmettre leurs ordres, de les accompagner dans leurs tournées, de relever l'impôt, de recruter par la force les hommes destinés à alimenter les chantiers de travaux obligatoires, responsables de l'ordre, ils sont progressivement considérés comme « l'ennemi du Noir ». Abusant de leur autorité traditionnelle de chefs ou d'anciens, grisés par leurs droits nouveaux, certains deviennent de vrais tyrans, que le contrôle social et les institutions régulatrices ne maîtrisent plus. Tandis que croît l'autorité des chefs supérieurs et que grandit leur autonomie sous l'influence du développement du pays béti, l'autorité de Charles Atangana et son prestige baissent. Cette tendance est accentuée par la politique laïciste des administrateurs français, par leur pression et celle des missions contre la culture locale. Ces abus provoquent une réaction de la population à l'égard de la puissance coloniale française et des chefs qui paraissent la soutenir. Vincenot, chef de subdivision de Nanga Eboko, dans un rapport établi en 1938 sur les Yezoum et les Mvélé, cite l'exemple suivant : « les chefs de village se rebellent et refusent de faire passer leurs gens à la visite médicale qu'opère une équipe itinérante. L'un d'entre eux proclame qu'il tuera quiconque voudra l'arrêter ou le présenter au chef de subdivision ou au médecin. »

Tandis que le Cameroun se réorganise lentement entre 1927 et 1939 et que se termine la grande crise économique des États-Unis de 1929, des intrigues se nouent autour de cet intéressant protectorat. Les grandes puissances relancent le slogan « il n'y a de grandeur que dans la colonisation ». L'Allemagne et la France désirent faire du Cameroun leur colonie. Jean Mattelet, ancien secrétaire de Clemenceau qui vint en 1933 au Cameroun et H. Martin du Gard qui vint en 1938, écrivent alors : « le Cameroun est intéressant [...]. Les Français devraient y venir plus nombreux. Les Camerounais sont attachés à la France : donc l'Allemagne perd son temps. Pourquoi ne pas faire du Cameroun une colonie française ?[14] »

La Deuxième Guerre mondiale connaît une forte participation camerounaise : des milliers de volontaires sont enrôlés. Toutefois, l'effort de guerre (ravitaillement et armes), la mobilisation forcée ou volontaire suscitent des réactions au Cameroun. Le changement politique est accepté sans difficulté par les Français : lorsque Leclerc débarque à Douala en août 1940, il trouve un groupe de militaires, administrateurs et missionnaires prêts à l'accueillir. À Yaoundé, l'administrateur Saller et le gouverneur Brunet lui transmettent sans réticence les pouvoirs civils et militaires. Mais le Cameroun une fois de plus a subi durement le poids de la guerre. La montée du cacao, la hausse des prix des produits manufacturés, le retour des anciens combattants, l'évolution générale, sociale et économique, accentuent le mécontentement qui sourd depuis de longues années. Celui-ci commence à s'exprimer en une opposition contre tout ce qui vient du colonisateur.

Progression économique et maintien du travail forcé

Dans une région désorganisée et ruinée par la guerre, telle qu'apparaît le Sud-Cameroun en 1916, la principale mission des premiers commissaires de la République est de s'atteler à une réorganisation générale. Si le gouverneur Lucien Fourneau s'occupe de l'administration et des problèmes sociaux, le gouverneur Carde, qui lui succède, consacre ses efforts à la remise en état de l'appareil économique du pays détruit par les Allemands. Il fait achever en 1921 le chemin de fer du Centre-Cameroun et fait ouvrir de nombreuses routes. En 1939, 6 000 kilomètres de route sont réalisés. Toutes les villes sont reliées du nord au sud. De nombreuses bases aériennes sont aménagées avec près de trente terrains de secours entre Yaoundé et Fort-Lamy. Le développement économique est en progression. Il permet de franchir sans dommage la crise internationale de 1929 à 1931. Les plantations allemandes abandonnées sont reprises, l'exploitation du bois, du caoutchouc et de l'huile de palme confiée à des sociétés

---

14 MVENG, Engelbert. *Histoire du Cameroun*. Paris : Présence africaine, 1963.

ou à des entreprises[15]. De nouvelles plantations sont créées, telle celle de la Dizangué en 1928. Mais tous ces travaux réclament une main-d'œuvre nombreuse. Leur caractère pénible et l'obligation pour les travailleurs de quitter leur village freinent le volontariat. Les autorités françaises permettent alors les recrutements. Le travail forcé reprend ses droits. On l'a appelé travail obligatoire, conformément au texte du BIT (Bureau international du travail) en 1930, mais les souvenirs de ceux qui vécurent les enlèvements des hommes, la nuit, par les agents d'entreprises privées ou par les tirailleurs pour les chantiers publics, ne laissent pas d'illusions. Les travaux les plus pénibles semblent avoir été la construction des routes et du chemin de fer. Entre 1922 et 1927, 128 kilomètres de chemin de fer furent réalisés. De Ndjock à Makak, sur 38 kilomètres, des milliers de personnes laissèrent leur vie tant les conditions étaient pénibles. Pour beaucoup, Ndjock est resté synonyme de « chantier de la mort ».

En général, la population se retranche, plus qu'elle ne réagit face au travail obligatoire. Ewondo, Bane et Eton cherchent à échapper aux représentants de l'autorité ; mais ils se laissent le plus souvent emmener considérant la force du Blanc comme invincible. On rencontre sur les pistes des colonnes de personnes enchaînées ou encordées, dont un grand nombre de vieilles femmes plus facilement prises que les hommes, se dirigeant vers les grands chantiers publics, et sur les terres des grands chefs. Quelques-uns cependant se révoltent. Les Manguisa racontent encore comment ils organisèrent en 1933-1935 leur révolte contre les déportations vers les mines de Bétaré-Oya organisées dans leur région par l'administrateur Herlin. Mais celle-ci fut rapidement maîtrisée par Zoggo Fouda qui fit appel à l'armée française. Il savait que les administrateurs appliquaient la déportation et la mort aux chefs ou leaders réactionnaires.

Parallèlement à l'extension des sociétés agricoles, l'administration encourage vers 1920 les paysans à développer leurs exploitations : cacaoyers, bananiers, caféiers, palmiers à huile et cultures vivrières. L'exemple des frères Pascalet qui ouvrirent, entre 1920 et 1921, à Ebolowa un jardin d'essai encouragea de nombreux paysans. Des centres agricoles sont créés dans le sud et dans l'ouest, des moniteurs envoyés dans les villages pour conseiller les paysans. Le Nyong-et-Sanaga voit rapidement croître, comme le

---

15 Quoique le système des grandes concessions soit supprimé.

Mongo et le Ntem, sa production cacaoyère grâce aux plantations individuelles. Elle passe entre 1921 et 1938 de 7 600 tonnes à 31 000 tonnes. Le niveau de vie général monte, on le remarque à l'habitat. C'est à cette époque que la catégorie sociale des gros planteurs voit le jour. En 1938, un administrateur signale que « dans le groupement de Charles Avondo la plupart des villages et hameaux sont en bon état, les cases bien alignées, crépies et blanchies. Des feuillées sont creusées derrière les cases, des sources aménagées... ». En 1939, un rapport concernant Ngoa Evina, chef de groupement et chef supérieur de Bikué, formule les mêmes observations. Des aménagements de portée économique sont réalisés par les paysans : un poulailler à Ebolowa en 1937 ; une bergerie et une porcherie modèles à Bikué et à Ze Mendonga en 1938. Le Cameroun acquiert alors la réputation d'un pays riche où tout le monde peut réussir. Jean Martet écrit ainsi en 1934 que « le Cameroun est le trésor du monde. Il y a de tout au Cameroun. Le sol est d'une richesse folle. Tout pousse. Le sol est truffé d'or, d'étain[16]... ». La progression économique du Cameroun, le fait qu'il soit sous mandat français par délégation de la SDN et que tous les pays puissent donc y faire du commerce vont lui attirer dès 1940 de nombreux commerçants syriens ou grecs et des Maisons de commerce anglaises, allemandes et françaises, comme la Compagnie française d'AEF (Afrique-Équatoriale française) et d'AOF (Afrique-Occidentale française). Le revenu national monte en flèche : l'excédent passe de 17 millions en 1939 à 57 millions en 1944. Cependant le cacao commence à connaître une crise. Malgré le traité franco-britannique de 1940, le cacao en 1943 ne peut trouver suffisamment de débouchés. Les planteurs doivent le brûler sur place, spécialement à Ebolowa. Les possibilités monétaires des planteurs sont d'autant plus atteintes que les prix des articles manufacturés montent en flèche et que manquent des produits essentiels comme le sel.

LA POLITIQUE D'ACTION SOCIALE FRANÇAISE

Dès son arrivée au Cameroun en 1916, le gouverneur Lucien Fourneau entreprend une politique d'action sociale visant à réduire les différentes formes d'oppression. Il poursuit dans ce domaine la politique entreprise

---

16   MARTET, Jean. *Les bâtisseurs de royaumes (voyage au Togo et au Cameroun)*. Paris : Albin Michel, 1934, p. 213.

par les Allemands. En novembre 1916, il interdit par décret la vente de l'alcool et crée un service d'hygiène (décret du 1er décembre 1916), fixe les conditions du portage (décret du 16 février 1917), réorganise la justice (décret du 12 janvier 1917) et interdit les jeux de hasard.

L'action sociale entreprise par la France porte également sur l'enseignement et la santé. Dès 1918, le gouverneur crée l'enseignement officiel français. En 1939, l'enseignement public compte au Centre-Sud-Cameroun de nombreuses écoles primaires, primaires supérieures à Yaoundé et professionnelles à Douala, Ayos et Ebolowa. En 1938, les deux premières écoles ménagères sont ouvertes à Ebolowa et à Yaoundé. Seule la mission catholique donne un enseignement secondaire au petit Séminaire d'Akono et supérieur au grand Séminaire de Yaoundé. Au début, seuls quelques chefs et les catéchistes de la mission se risquent à envoyer leurs filles à l'école. Les villageois n'en profitent guère, constatant que la scolarisation et l'enseignement ménager accélèrent la migration des filles vers les villes. Elles y épousent des scolarisés qui deviennent les premiers agents de l'administration.

L'action sanitaire est également développée : hôpitaux, dispensaires[17] et maternités. En 1939, le Cameroun compte 150 formations médicales, dont la plupart sont situées dans le sud. Des équipes mobiles luttent contre le paludisme, la variole, les maladies vénériennes, la maladie du sommeil, la lèpre. Cependant, entre 1940 et 1944, l'action sociale française se ralentit.

Nouvelle évangélisation du Cameroun et multiplication des confréries religieuses

Entre 1916 et 1921, le Centre-Sud-Cameroun se retrouve sans prêtre catholique. Cependant, on constate que chez les Ewondo, Eton et Bane ce culte non seulement continue à être pratiqué, mais tend à augmenter ses adeptes : ils sont 90 000 en 1916. Les catéchistes très bien formés par les Allemands assurent l'essentiel des fonctions religieuses, ce qui leur confère un certain prestige. Pour les populations du Sud-Cameroun « se convertir c'est d'abord sortir de sa condition de primitif ». Ils reconnaissent que « les Blancs disposent de forces puissantes puisqu'ils réalisent quantité

---

17 La plupart des dispensaires sont ouverts par les missions.

Scolarisation au Cameroun entre 1914 et 1938

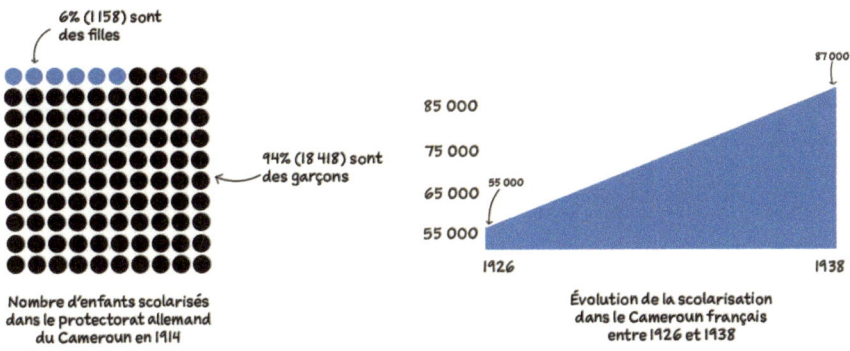

Les missionnaires allemands ouvrent rapidement des écoles et forment des maîtres africains. En 1914, le Cameroun compte 22 écoles des missions centrales et 182 écoles de village.

En 1926, seuls les garçons sont scolarisés ; les missions françaises n'ouvrent des écoles pour les filles qu'après l'arrivée des Sœurs du Saint-Esprit, en 1935. Les élèves des écoles de l'État sont au nombre de 10.000 en 1939.

de choses que les Noirs ne sont pas capables de faire[18] ». L'évangélisation par des prêtres français reprend en 1921, lorsque les pères de la congrégation du Saint-Esprit, appelés au Cameroun en 1916 comme aumôniers militaires par le général Aymerich, prennent en charge à partir de 1921 les missions laissées par les pères pallottins et en ouvrent d'autres. Conscients de la difficulté qu'ont les chrétiens à ne pas pratiquer les cérémonies animistes, les missionnaires vont rapidement procéder à plusieurs adaptations. Ils demandent aux chrétiens de vivre entre eux ; de s'isoler des « païens ». De nombreux villages vont se scinder en deux : d'un côté les chrétiens, de l'autre les païens, division qui crée un réel schisme au sein de l'unité sociale, économique et religieuse villageoise. Pour aider les femmes à se dégager de leur condition « d'opprimées », les pères vont ouvrir dès 1922 les sixas ; à travers l'évangélisation, ils vont les convaincre de leur égalité avec l'homme et de leur droit à la liberté. Ils soutiennent la plupart des mesures législatives y afférant.

---

18 BUREAU, René. « Ethno-sociologie religieuse des Duala et apparentés ». Thèse EPHE, in *Recherches et études camerounaises*, Yaoundé et CNRS, 1962, p. 90.

Christianisation du Cameroun entre 1914 et 1931

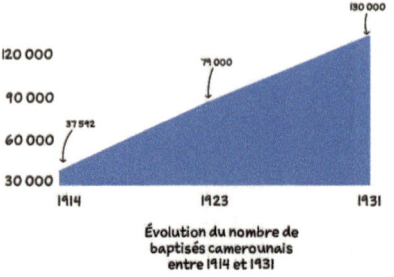

Évolution du nombre de baptisés camerounais entre 1914 et 1931

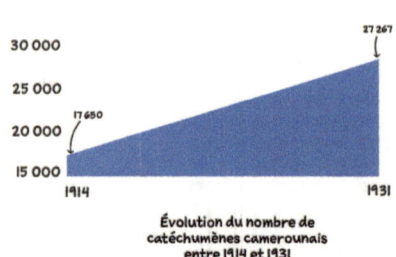

Évolution du nombre de catéchumènes camerounais entre 1914 et 1931

Enfin, soucieux de donner aux néophytes catholiques un cadre social leur permettant de soutenir et d'appliquer leur ardeur religieuse, monseigneur Vogt lance en 1925 les confréries religieuses telles qu'elles existaient en France dans son diocèse dans l'est. Les *ekoan* (réunions) sont nombreuses ; elles varient selon le sexe, l'âge et le statut. La première est mixte ; elle s'appelle *ekoan ingolstadt* et est destinée à préparer ses adeptes à la mort. Prières et messes sont les principales activités de ces confréries. En 1936, le père Bonneau et le docteur Aujoulat lancent à Efok[19], Bafia et Yaoundé, les Cercles d'évolués, destinés aux cadres moyens autochtones, infirmiers et instituteurs en particulier. Ils s'orienteront par la suite vers des essais d'associations familiales. Puis en 1940, le père Bonneau introduit la Légion de Marie.

Les grandes missions que les pères du Saint-Esprit construisent dès 1921 (Efok, Nkol Nobanga, Mbalmayo, etc.) donnent aux Camerounais une impression de force. Les pères apparaissent comme des conquérants. Ils s'installent comme des chefs et vont commander comme des vainqueurs. Du fait de ces attitudes, ils sont souvent assimilés aux administrateurs et aux militaires, auxquels ils font parfois appel.

Cependant, aux yeux des Camerounais, les pères se désolidarisent nettement des autorités administratives, car d'une part celles-ci critiquent leurs manières brutales et d'autre part certains pères désapprouvent les mesures antifamiliales officielles. Leur attitude vis-à-vis des coutumes animistes est

---

19 Grande mission, avec 2 vastes écoles, une école ménagère, et à côté, l'hôpital d'Efok.

rigide. Pour eux, elles sont toutes mauvaises, barbares ; aussi n'hésitent-ils pas à détruire statuettes et sacs d'objets magiques, jeux d'*abbia* et tous objets servant aux manifestations rituelles. Certains insultent magicien et *mvigi* (grand devin qui travaille pour le magicien), invectivent les polygames, possesseurs de très jeunes épouses, qu'ils leur enlèvent parfois pour les amener à la mission dans le but de les protéger et de les scolariser.

Par ces manifestations de force, cette nouvelle institution religieuse qu'est la mission apparaît aux yeux des Béti comme une possibilité nouvelle de renforcement pour leur société encore centrée sur le phénomène religieux. L'élaboration religieuse traditionnelle, l'ouverture et l'accueil des Béti aux idées et aux cultures étrangères, ainsi que le développement des moyens de communication favorisent également la pénétration du christianisme. L'autorité et le prestige des catéchistes en témoignent, ainsi que le zèle des soldats ewondo convertis au catholicisme lorsqu'ils sont envoyés en terre étrangère. Dans l'est, faisant la loi dans les villages où ils s'installent, ils obligent les gens à écouter le catéchisme. Le père est alors très haut placé dans l'estime et le respect de la population, qui le situe avec l'administrateur à un degré nouveau de son système religieux.

Pour beaucoup de Manguisa, d'Eton et de Mvélé[20], le prêtre, maître du culte, est celui qui détermine le secret de la lutte du monde des Blancs – il est appelé *mfum*, « Blanc en habit » – tandis que l'administrateur est le maître du jour. Considéré comme intermédiaire entre Mebe'e et les hommes, le missionnaire est beaucoup plus haut placé que le devin et le médecin, car sa force, son efficacité sont plus grandes pour augmenter la vie. Lorsque les femmes béti adhèrent à cette nouvelle religion, c'est pour en retirer un renforcement, un avantage concernant leurs rôles traditionnels. Les sacrements – surtout la confession, car la parole est efficace en elle-même – ont pour cette raison un grand succès.

Entre 1922 et 1927, il semble que le catholicisme atteigne son apogée. Mais les conversions commencent à baisser vers 1927, tandis qu'apparaît l'action laïciste des gouverneurs et que grandit l'autorité des chefs supérieurs et leur sentiment de n'avoir plus besoin d'être catholiques pour acquérir de la puissance. On voit alors diminuer le prestige de Charles Atangana ; les catéchistes sont moins nombreux et moins fervents. 1943 marque la

---

20 Les Ewondo s'en défendent.

baisse de leur influence, de celle des missionnaires et des sixas, en même temps que le début de la remise en cause du système colonial.

Les associations secrètes béti, les grands rituels, en partie abandonnés par les chrétiens, retrouvent de nouvelles adhésions. La pénétration de la religion catholique n'a pas d'emprise sur les croyances traditionnelles. La plupart des Béti-Fang continuent à pratiquer parallèlement deux religions ou intègrent la nouvelle à l'ancienne. Ils semblent rechercher une complémentarité dans l'acquisition des bienfaits accordés par les deux cultes.

Pour les femmes, la religion catholique, pratiquée en plein jour, est du monde du jour. Elle leur fait prendre conscience de leur possibilité d'accéder à un statut social plus élevé et leur ouvre les portes de la liberté. C'est pourquoi, vers 1935, lorsque les filles commencent à être scolarisées et que la contrainte parentale ou conjugale se relâche, elles se font baptiser en nombre beaucoup plus important que les jeunes gens ou les hommes. Cependant, les missionnaires ajournent leur baptême jusqu'à leur mariage. Les croyances et pratiques traditionnelles sont considérées comme du monde de la nuit, les cérémonies se tenant la nuit, en forêt, loin des villages. C'est avec la force acquise dans le monde de la nuit que la société béti puise le risque d'affronter les Blancs, administrateurs, commerçants et militaires. À travers cet affrontement se traduit une lutte naissante pour l'indépendance.

Transformation de la société béti dans le Cameroun français

Reconnaissant une nouvelle fois la force de leurs envahisseurs, les Béti, peuple ouvert, accueillent les Français, espérant en retirer un gain plus grand que le désordre causé par leur arrivée. À travers les maux qu'amène l'implantation coloniale, Charles Atangana, principal leader de cette époque, comprend l'évolution dont son pays est l'objet. Le développement de l'économie, les marchés, les centres administratifs créent des possibilités nouvelles de revenus ; les produits d'exportation suscitent une catégorie de planteurs au niveau de vie élevé ; les écoles ouvertes par les missions permettent aux Camerounais d'accéder à un monde plus vaste, d'envisager une participation future aux destinées de leur pays. Si les lois sociales et surtout l'action en faveur de la femme sont vues comme des mesures amenant le désordre, elles sont aussi considérées comme un mal nécessaire pour que croisse la vie du groupe.

La dynamique sociale révèle une double relation : l'affrontement colonisateur/colonisé s'étend aux rapports entre le chef établi par les Blancs et ses villageois. Puis apparaît l'affrontement père/fille et époux/épouse. Mais le rapport homme/femme n'est plus comme autrefois une relation de maître à serviteur. La femme commence à vouloir cette relation plus égalitaire, tandis que l'homme maintient ses prérogatives. Un affrontement d'un type nouveau naît dans la société, dont l'éclatement la fera avancer. Il provoque non seulement chez la femme, mais dans toutes les couches de la société, un grand désir de promotion sociale.

La poursuite de ce nouvel objectif guide désormais la société béti. Il s'agit d'acquérir un peu de la force des Blancs, cette force dont la réussite de leurs entreprises fait preuve ; mais non pas pour leur ressembler, car les Béti, fiers de ce qu'ils sont, semblent alors vouloir conserver leurs valeurs et leur originalité. Mais leur démarche est difficile et dangereuse, car pour arriver à survivre, ils font rentrer leur culture dans la clandestinité. Ils mettent à l'ombre les valeurs dont par ailleurs ils sont fiers et qu'ils considèrent comme essentielles. Un processus de « doublage »[21] intervient dans la vie de tout homme et des groupes. De plus, les routes et les centres-marchés et urbains élargissent l'horizon des Béti. Ces occasions de regroupement font éclater le cercle villageois, faisant rechercher des cohésions à un niveau supérieur à celui du village. L'ethnie devient l'institution axiale. Les groupes nouveaux issus de jeunes urbains – clubs culturels, associations familiales – relèvent d'une catégorie sociale peu valorisée et expriment leur désir d'une promotion personnelle, d'une intégration sociale plus grande et d'une participation aux responsabilités jusque-là détenues par les adultes.

Si d'une part on constate que la société béti se dégrade, d'autre part on observe la volonté, par les moins valorisés, de participer plus largement à la marche de la société. L'attitude des femmes va progressivement susciter un mode nouveau de relations homme/femme.

---

21 Selon l'expression de Georges Balandier dans *Sociologie actuelle de l'Afrique Noire*. Paris : PUF, 1963.

ÉVOLUTION DE LA CONDITION FÉMININE ET NOUVELLES DYNAMIQUES HOMME/FEMME

Politique française de libération de la femme et désir d'émancipation

La politique française en Afrique concernant la « libération de la femme » l'amène à interdire au Cameroun la mise en gage des personnes du sexe féminin par décret du 18 août 1917, puis à s'intéresser à la famille.

En fait, elle augmente sans mesure l'émancipation féminine vis-à-vis de la loi coutumière. Dès 1917, les femmes peuvent recourir au tribunal des Blancs ; certaines n'hésitent pas à se sauver pour faire le voyage jusqu'à Douala dans cette intention. Le 11 novembre 1928, une mesure influencée par la montée du christianisme stipule que le divorce est autorisé en cas de polygamie, sous la condition que l'un des conjoints se soit engagé lors du contrat de mariage à rester monogame. Un décret du 26 mai 1934 fixe l'âge minimum du mariage à quatorze ans pour la fille et à seize ans pour le garçon. Un arrêté du 11 janvier 1936 fixe le montant de la dot, exige un consentement public pour le mariage et adoucit le sort des veuves en leur donnant la liberté de choisir leur domicile. Le décret Mandel du 15 juin 1939, étendu à tout le Cameroun dès le 17 août, récapitule les mesures antérieures et renforce la liberté de la veuve.

Les conséquences de ces mesures apparaissent sous un jour différent aux Camerounais : en 1944, lors de la conférence de Brazzaville, ils refusent de voir supprimer la polygamie. Le père Mveng donnera plus tard des arguments : « en résumé, la législation sur le mariage [...] cherche non à consolider la famille, mais à libérer la femme[22]. » Mais malgré les déclarations des commissaires de la République sur l'action de la France contre toute forme d'oppression, des femmes, surtout âgées continuent à participer dans tout le pays béti au portage des produits vivriers vers les postes administratifs et vers les chantiers, à l'entretien des routes, et aux travaux dans les champs des chefs de village et des chefs supérieurs. Certaines sont réquisitionnées pour faire la cuisine aux hommes dans les grandes plantations. Plus que les hommes, elles paient les impôts, car elles ne peuvent se défendre contre le chef. Elles sont imposées dès leur retour du marché.

---

22 MVENG, Engelbert. *Histoire du Cameroun*. Paris : Présence africaine, 1963.

Charles Atangana (1883-1943)

En 1901, Charles Atangana, instituteur puis infirmier, devient, sur la demande des Ewondo, interprète au service de l'administration coloniale, puis en 1912, grand chef de tous les Kolo-Béti. Conduisant le capitaine Hans Dominik dans ses expéditions chez les Mvélé de l'est, et sur les routes du nord musulman, il sert de médiateur et évite plus d'une fois des effusions de sang. Il donne également des conseils aux Allemands pour perfectionner l'organisation politique. Trop compromis avec eux, il les suivra en Guinée espagnole à la fin de 1915. Il sera interné à Fernando Póo, puis à Madrid, en Espagne, avec ses compatriotes, d'où il négocie son retour avec le gouvernement français, qui lui impose comme condition de faire preuve de loyalisme en construisant des routes à Dschang. Charles Atangana revient ainsi d'exil en 1922 et le gouverneur Carde en fait un de ses conseillers. Mais la place d'Atangana est au milieu des Béti.

À son arrivée à Dschang, il connaît déjà un accueil triomphal. Des chefs supérieurs, des chefs de groupements, des notables et des anciens l'attendent et lui offrent les insignes des grands chefs. Son remplaçant, Jean Atemengue, se soumettant au désir général des Béti, lui rend son titre de chef supérieur des Ewondo-Bane.

Dans le sud, il joue un rôle important, crée de nouvelles chefferies, choisit les cadres autochtones avec l'accord du gouverneur, puis les forme. Il les installe ensuite officiellement dans leur circonscription. Dans le nord, il aide à la pacification et facilite le dialogue avec les grands chefs locaux. Atangana renouvelle progressivement les vieux chefs qu'il remplace par leurs fils formés dans l'enseignement officiel ou anciens employés des bureaux de l'administration. Les formant à son école, il les installe dans un village proche de Yaoundé qu'il fait construire à leur intention. Il les initie à leur rôle de chef administratif, les fait instruire avant de les renvoyer dans leurs régions respectives, et les fait revenir périodiquement pour rendre compte de la marche de leur chefferie.

L'action qu'entreprennent les missionnaires catholiques accentue chez les femmes le désir naissant d'émancipation. Dès 1921, les pères du Saint-Esprit, persuadés de la situation infrahumaine des femmes, ouvrent leur mission à celles qui veulent s'y réfugier. C'est alors le départ ou la fuite des femmes, surtout celles des grands harems, vers les sixas, image de la grande délivrance. Elles chantent le *si yoo*[23], « la terre est ouverte, la liberté est conquise ».

À Minlaba, le *si yoo* est resté célèbre. Les femmes se convertissent afin d'échapper aux grands polygames et pour pouvoir rester à la mission, protégées par cette nouvelle force. Mariées très jeunes, forcées à épouser l'homme choisi par leur père, menées durement par leur conjoint, jeunes filles et femmes acceptent tous les moyens qui pourraient les libérer. Quoique la vie au sixa ne soit guère confortable – elles sont dévorées par les poux, se battent souvent, car elles sont d'origine ethnique différente, et sont une main-d'œuvre bon marché pour cultiver les champs de la mission – elles préfèrent s'y réfugier et subir de longues séances de « doctrine » plutôt que de rester chez leur vieux mari polygame. Mais les hommes, surtout les polygames, ne l'entendent pas de cette oreille. Une femme qui se sauve à la mission est le plus souvent suivie des policiers de l'administration et de son mari qui viennent la rechercher. Les missionnaires sont alors attaqués comme usurpateurs. Certains vont jusque devant les tribunaux. Près d'Esse, chez les Mvélé, un père est tué pour cette raison par un polygame. La mise en circulation des routes et du chemin de fer en 1927 produit un autre *si yoo* pour les grands voyages. Elle provoque l'exode des femmes vers les villes, à la recherche d'une liberté totale ; nombreuses sont celles qui vont alors faire un séjour à Douala, à Victoria, à Fernando Póo, en Guinée espagnole. Elles trouvent toutes les astuces pour voyager, même sans argent.

SI YOO

Le *si yoo* est une danse traditionnelle béti spécifiquement associée aux rites de passage féminins et à certaines cérémonies sociales importantes, comme le passage à l'âge adulte ou les étapes liées au mariage et à la maternité.

Au-delà de la dimension spirituelle et communautaire de la danse, le *si yoo* devient ainsi un véritable acte de rébellion et de réaffirmation féminine, soulignant la quête de liberté sociale et personnelle au sein d'une société où les femmes étaient souvent soumises à des rôles restrictifs. La danse, par sa force symbolique, marque une étape dans l'émancipation féminine, une forme de conquête de liberté dans le monde des Béti.

---

[23] Informateur : père A. F. Essomba, Mbalmayo, 1963 et 1966.

ÉVOLUTION DES RELATIONS HOMME/FEMME

La vie familiale, sous l'influence des facteurs que nous venons de voir, va être profondément bouleversée. Si certaines institutions conservent leur fonction et leur forme propres, les changements qui interviennent, connotant le mouvement naissant d'émancipation féminine, vont remettre en question l'organisation de la vie sociale, économique et religieuse villageoise.

Les coutumes concernant la vie familiale, et spécialement le mariage, commencent à évoluer à partir de 1922. Ainsi, l'âge du mariage passe progressivement de six ans à l'âge de la puberté, pour atteindre environ quinze ans en 1943. L'avis de la fille concernant le choix de son conjoint n'est considéré par son père qu'à partir de 1920. Tandis que le conseil du *nda-bôt* continue à décider du sort de ses femmes, les missions, en leur ouvrant les portes, leur donnent la possibilité d'en échapper. La vie féminine, souvent instable, et la situation conjugale rendue plus fragile, provoquent souvent une dégradation du système social total qu'est le *nda-bôt*. Les Béti semblent assister impuissants à l'éclatement de leur société et en attribuent la cause aux Blancs, mais ils n'en considèrent pas moins avec respect les femmes qui assurent encore la pérennité de valeurs béti : sagesse, adaptation aux circonstances, ou perspicacité et dévouement au groupe.

Provoqués par le mouvement naissant de libération féminine, la société béti commence à intégrer de nouvelles relations homme/femme, relations de père et de mère à fille, relations de prétendants à élue et d'époux à épouse. Quelques femmes cherchent à échapper à la décision familiale, puis à celle de leur mari, à décider de leur destinée. Elles aspirent parfois inconsciemment à être des partenaires consultées. Après 1921, l'exemple des premières jeunes filles faisant ou ayant fait des séjours dans les centres administratifs et les centres-marché fait boule de neige et illustre l'évolution de ces relations. Le nombre de celles qui vont chercher l'argent en ville et fuient un mariage forcé croît chaque année. Ces départs sont si fréquents que le retour des filles au village paternel donne lieu à une cérémonie. C'est une vraie fête, lorsqu'on dit qu'une fille va à d*zâl*, c'est-à-dire qu'elle rejoint son domicile d'origine. Les préliminaires du mariage connaissent également une évolution notable au fil du temps.

TÉMOIGNAGES

Marie Ateba, Manguisa née vers 1908, veuve depuis dix ans en 1963 et habitant Nkolo I au nord d'Esse, représente le cas type des femmes de cette époque. Elle nous permet de situer la norme alors établie par la société :

« J'avais perdu mon père et vivais avec ma grand-mère. Vers quatre à six ans, on me donna à ma grand-mère pour que je l'aide. Jusque-là, ma mère m'avait éduquée. Lorsque je me mariai, ma grand-mère me donna comme souvenir une marmite et un panier. C'était l'image de ma maison paternelle. Mon oncle était un esclave de Fabien Djomo, chef du village. Il avait beaucoup de chèvres, et faisait des lances qui servaient de monnaie d'échange. Pour vivre, les gens vendaient des palmistes et des chèvres. Ma mère avait une coépouse et était la deuxième femme de mon père. J'avais cinq frères et quatre sœurs de même mère, la première épouse avait deux garçons et trois filles. Je m'entendais bien avec tous.

Avec les petites filles du village, nous allions ensemble cultiver les plantations, nous jouions ensemble quand la récolte des arachides était terminée, et le soir, au clair de lune, pendant la veillée, nous chantions et dansions ensemble, accompagnées parfois des balafons, que seul le chef possédait. Notre oncle paternel réunissait parfois les filles du village. "Lorsque je serai mort, disait-il, aimez-vous entre vous, ne soyez jamais méchantes." Ma mère et mon oncle paternel m'apprirent tout ce qu'une petite fille doit savoir.

Lorsque mon oncle, qui avait hérité de moi, mourut, son fils, n'ayant pas d'argent pour payer l'impôt, vint me chercher pour me donner en mariage à celui qui devait lui donner la somme. C'est pour cela qu'il vint une nuit. Pour me convaincre, il me dit "tu dois partir en mariage, on va me tuer." Le chef du village, qui était le prêteur, l'en avait convaincu.

Il disait aux autres hommes : "Il faut m'arrêter cet homme" ; et au fils de mon oncle : "Tu as une fille chez toi. Il faut qu'elle parte en mariage pour nous produire la richesse ; avec l'argent de la dot, nous paierons l'impôt."

Je pleurais beaucoup. Ma grand-mère que j'étais venue aider ne savait pas. Comme j'étais petite, mon frère me prit dans ses bras et m'enleva de force. Je dus marcher toute la nuit dans les chemins. Nous arrivâmes dans le village de mon futur mari alors qu'il faisait encore nuit. Ce dernier était très content. Il appela ses six femmes qui vinrent saluer la nouvelle *mbom* (fille qui arrive en mariage). Je fus confiée (c'était environ en 1917) à la première épouse de cet homme. Elle était très bonne et m'éleva avec ses deux enfants comme si elle était ma mère. Je fus tout de suite mise au travail des champs, mais les jeux et les danses continuèrent avec les enfants de cette femme. Cependant, j'étais en colère et pleurais parce que j'avais quitté la maison de ma mère.

Vers 1923-1924, quand je devins femme, les autres devinrent très méchantes pour moi, parce qu'elles disaient "Notre mari lui donne plus de choses qu'à nous. Il couche plus souvent avec Ateba qu'avec nous", car mon mari aimait la jeunesse… Quand je fus enceinte, mon mari me laissa tranquille, car cela portait malheur. Lorsqu'il mourut vers 1933, j'avais eu quatre enfants avec lui, dont trois moururent ; une seule fille resta.

À sa mort, les frères de mon mari disaient "ce sont ses femmes qui l'ont tué". Nous dûmes donner beaucoup d'argent.

On nous fit sortir et coucher dans la cour en plein soleil, alors que le corps de notre époux restait à l'intérieur. Puis, on le mit dehors sous l'auvent devant la porte. Avec des paniers et des écuelles en bois, les veuves allèrent chercher des pierres et du sable pendant que les fils et les frères creusaient la tombe. Ensuite, toutes les épouses (nous) se couchèrent de chaque côté du mari pour lui dire au revoir. On l'enterra derrière la maison dans un cercueil en planches.

Ensuite, les *mingongon* (sœurs de notre mari) vinrent et nous fîmes l'*akus*.

Je suis retournée dans ma famille au moment de la guerre de Bétaré-Oya[24]. N'ayant pas de garçon, je ne remboursai pas la dot, car je n'avais personne pour s'occuper de moi.

J'ai rencontré là mon deuxième mari, Joseph Nbanga, amené par une de mes sœurs. Elle lui avait dit "Tu dois te marier". Il fut tout de suite d'accord et me dit "Je t'aime, tu dois m'aimer". J'acceptai, car il n'est pas bon qu'une femme reste seule. Il donna à ma famille en dot 1 000 francs, 10 chèvres et 1 cochon. Je fus très heureuse avec lui. Il était bon et n'avait pas d'autre femme. Souvent, il était très en colère, mais il ne me battait pas. Il ne me parlait pas, c'est tout. Mais je le calmais. Il était mon frère et ma mère. »

---

24 Révolte manguisa contre les travaux forcés pour la recherche de l'or à Bétaré-Oya en 1933-1935.

Avant 1918, les filles étaient souvent promises dès leur naissance ou même avant, généralement pour sceller des alliances familiales. Cependant, vers 1920, une nouvelle coutume émerge : le jeune homme, en quête d'une femme, devait prouver sa valeur en accomplissant des tâches ardues comme l'abattage des arbres ou le défrichage, aux yeux des filles qui l'observaient. Si son travail était jugé courageux et sa discipline alimentaire sobre, il était respecté et admiré. Par la suite, le père des filles indiquait quel choix pouvait être judicieux pour son fils. Une fois le jeune homme choisi, la fille, après consultation avec sa mère, acceptait ou non selon les qualités de son prétendant, principalement son habileté au travail et sa capacité à procréer. Le rituel de l'*ebon ngon* marquait la réponse finale de la fille, qui se faisait lors des visites nocturnes du fiancé. Après plusieurs rencontres, le fiancé pouvait offrir une dot et repartir pour de nouveaux travaux auprès de sa future famille. Toutefois, avant cette étape, un jeune homme pouvait choisir de « rapter » la fille, un geste honoré par sa famille, mais entraînant une demande de dot plus élevée. La fille, dans ce cas, devenait un symbole de pureté et de fierté pour son père. Si cette pratique était rare chez les Ewondo, elle était plus courante chez les Mvélé, où certaines conseillaient même des herbes pour faciliter l'enlèvement.

Les changements sociaux affectent aussi la vie conjugale, influencée par les missions chrétiennes. Les femmes cherchant à choisir leur époux selon leur préférence se réfugiaient souvent à la mission. De nombreux foyers ewondo entre 1918 et 1927 naissent sur ce modèle et les plus durables sont constitués de citadins ou de personnes éduquées, ayant reçu l'influence de la monogamie et de la foi chrétienne introduites par Charles Atangana. L'évolution féminine est en général suspectée, les femmes scolarisées rencontrent une méfiance générale.

Cette évolution de la situation féminine, le branle-bas social ainsi que l'émancipation féminine vont avoir une influence aussi destructive que restructurante sur la vie familiale. Dans les villages, la famille est dispersée, les foyers sont dissociés. Les hommes jeunes libérés sont souvent repris pour d'autres travaux ; beaucoup de femmes se retrouvent seules, ou à la garde d'un frère de l'époux.

Mais quelques-unes sont aussi sur les routes, en voyage sur les chantiers ou en ville avec un de ces nombreux célibataires forcés, que l'éloignement du village libère de toute contrainte. Les unions de courte durée contractées sans recours au *nnam* (la coutume) se développent. La liberté sexuelle des filles est favorisée par tout ce contexte de mutation sociale et économique, mais aussi par les comportements de nombreux militaires et administrateurs allemands puis français lors de leurs inspections dans les villages. Les *oakwuman* (femmes qui marchent, qui se baladent) ne feront qu'augmenter avec l'évolution du pays, manifestant la volonté qu'ont les femmes de décider de leur sort. Cette contestation exprime aussi le désir féminin de dépasser la relation de réciprocité avec l'homme. Elle recherche une nouvelle relation, celle du face-à-face et de la connaissance mutuelle.

ASSOCIATIONS FÉMININES ET INFLUENCE SUR LA SOCIÉTÉ BÉTI

CROYANCES TRADITTIONNELLES, SIXAS ET CONFRÉRIES RELIGIEUSES

Sous l'influence conjuguée de la politique laïciste des administrateurs français et la puissance grandissante des chefs de groupement et supérieurs béti, un retour aux croyances, aux rituels animistes, aux coutumes ancestrales va s'opérer vers 1927. Ce retour aux sources manifeste la recherche de sécurité et de ressourcement des Béti au moment où la société profondément atteinte dans son organisation et son équilibre voit également mise en cause sa pérennité.

L'évolution économique commencée peu après la pénétration allemande, vers la fin du siècle dernier . les bouleversements organiques dus à la colonisation et aux missions catholiques et protestantes, et à leur action sociale, vont provoquer l'éclatement du lignage, le *mvôk*. À cette époque où la famille étendue est encore la structure fondamentale de la société béti, sa dislocation va provoquer un profond déséquilibre dont les répercussions sont globales sur cette société cohérente où tout acte, qu'il soit social, politique, économique ou religieux, a des conséquences sur le phénomène social total. La coexistence entre les liens du sang et ceux du sol – c'est-à-dire les liens qui unissent les membres d'un même clan avec les liens qui unissent des familles vivant à l'intérieur d'un même village, solidaires dans l'exploitation d'un même territoir – est rompue.

LES CONFRÉRIES

La première confrérie lancée en 1921, l'*ekoan Ingolstadt*, s'adresse aux hommes et aux femmes. Elle est destinée à les préparer à la mort. À cette fin, ils font dire des messes. Puis en 1925 sont fondées les confréries féminines :

L'*ekoan Anna* (réunion des femmes de l'âge d'Anne) destinée aux femmes âgées a un grand succès : toutes les vieilles y participent. Souvent abandonnées au bout du village, ces personnes considérées comme des « sorcières » lorsqu'elles n'ont pas d'enfants trouvent là une communauté de substitution. Leur participation à ces réunions devient pour elles un nouveau moyen d'intégration sociale.

L'*ekoan Maria* est réservée aux femmes mariées, mères de famille. L'association est très florissante. Presque toutes les femmes mariées y viennent et observent les exigences de la confrérie ; à travers les instructions, les prêtres exigent l'application du christianisme à la vie villageoise, spécialement à la vie conjugale.

L'*ekoan Agnes* est destinée aux jeunes adolescentes (vers dix-onze ans) et jeunes filles non mariées, avant qu'elles ne se sentent déviantes, c'est-à-dire avant qu'elles ne commencent à avoir des relations avec des garçons ou qu'elles n'attendent un enfant. Leur participation est irrégulière et beaucoup moins importante que chez les femmes mariées. Beaucoup de filles de dix à dix-huit ans ont cependant passé un temps plus ou moins long dans cette association dont le but est de les aider à vivre les valeurs de pureté, selon la conception des missionnaires.

L'*ekpa Olugu*, confrérie du Saint-Sacrement, est lancée à la même époque. C'est une assemblée de louange, destinée aux pères et mères de famille. C'est la confrérie où la piété est la plus exercée. Les adhésions sont nombreuses. Ewondo-Fang au tempérament mystique sont alors facilement portés à la foi ; ils apprécient d'autant plus les longues cérémonies en latin qu'elles restent incompréhensibles et donc secrètes. Les chants et les prières en groupe, ainsi que les conférences du père sur la prière sont suivis avec beaucoup d'assiduité par les membres de la confrérie.

Ces confréries connaissent leur plus grand développement vers 1932-1935, après l'arrivée des sœurs du Saint-Esprit et lorsque le *mvôk* commence à desserrer sa contrainte vis-à-vis des femmes, surtout les plus jeunes. Moins réticents, les hommes les laissent évangéliser. Celles qui reçoivent le baptême peuvent alors faire partie d'une confrérie. Groupes de volontaires, les adhérentes se considèrent comme une élite, pouvant dire qu'elles sont mieux que les autres, ce qui les aide à refuser la pratique des rituels.

Dans les foyers polygames, ce sont les premières épouses qui font partie des confréries, car elles seules peuvent être baptisées et recevoir les sacrements. Le succès de ces associations vient aussi de la continuité qu'elles présentent par rapport aux aspirations traditionnelles des femmes. En effet, les adhérentes pensent que leurs pratiques religieuses les rendent plus agréables à Dieu et peuvent avoir des répercussions dans leur vie.

La signification des cérémonies, comme la confession, garde pour les femmes son sens traditionnel : elle renforce la fécondité, la vie qu'elles s'engagent à ne plus chercher dans la pratique des rituels animistes. Ces raisons provoquent parfois chez les membres des confréries une plus grande confiance en elles et une plus grande audace vis-à-vis de la famille. On constate parallèlement qu'elles sont des épouses fidèles et estimées de la famille sur laquelle elles ont une réelle influence ; d'autre part, les cheftaines ont en général une certaine autorité dans le village. Elles sont respectées et craintes comme des intermédiaires du sacré. Enfin, les groupes nés de l'adhésion à une même confrérie deviennent des groupes d'amies où l'entraide est fréquente.

Sous les efforts conjugués de l'administration et des missions, les associations les plus secrètes, comme le *ngil,* le *so,* le *bieri,* le *mevungu* et le *ngas* vont disparaître. L'unité sociale refaite à l'occasion de leurs activités collectives et la vigueur nouvelle créée à la faveur des assainissements que sont les châtiments ne peuvent bien souvent être assurées.

Le pôle vers lequel s'orientent toutes les activités de la société est encore sacré, mais un sacré qui glisse vers un monde nouveau, celui des Blancs. Il s'exprime par une relation plus personnelle de chacun avec son groupe et par une aspiration à y avoir une plus grande place. L'institution axiale de la société béti-fang passe du *mvôk* au groupe plus élargi de ceux qui aspirent à une même ascension sociale à travers un groupe religieux ou culturel. À la recherche d'un ordre nouveau, le groupe féminin de cette société défaillante cherche, à travers la pratique nocturne de rituels ancestraux ou syncrétiques, à renforcer sa fécondité et à se protéger contre les maléfices de toutes sortes. Les confréries répondent à l'aspiration naissante d'ascension sociale chez les femmes suscitée par l'ouverture des sixas, des voies de communication, des marchés, le développement des villes et la désertion forcée du village par les hommes.

L'ouverture des sixas en 1921-1922 en offrant aux femmes la possibilité de s'écarter de leur situation traditionnelle, fait naître en elles une grande aspiration à un statut plus élevé, à une réelle promotion sociale. Leurs réactions et leurs attitudes le manifestent. Les sixas reproduisent le milieu villageois et font naître parmi les jeunes d'une même génération des groupes d'amis très solidaires. Leur adhésion aux confréries religieuses va en être un des révélateurs. Lorsque monseigneur Vogt lance en 1925 les confréries religieuses, la réponse des femmes chrétiennes est quasi-unanime. Beaucoup voudraient faire partie de ces associations qui représentent pour elles un mouvement vers un épanouissement, une acquisition plus grande de vie, celle de Mebe'e, par son intermédiaire le plus fort, le prêtre des Blancs, médiateur le plus haut placé dans le pouvoir de renforcement vital.

La participation à une confrérie n'est pas chose facile : les candidats doivent être baptisés ; de plus, les membres de la confrérie sont consultés pour chaque candidature sur la vie conjugale et le comportement dans le village de l'intéressé, les observations sont débattues en commun. Les activités essentiellement religieuses sont organisées à partir d'un regroupement clanique ; elles réunissent des femmes appartenant à un même village. La participation à toutes les activités est obligatoire. Ce sont de longues instructions sur la vie chrétienne, entrecoupées par des chants et des prières et menées selon le mode traditionnel (doctrine-discussion) par le père, comme le palabre ; une confession une fois par mois au cours d'une messe célébrée pour les membres de la confrérie ; des travaux manuels pour les missionnaires – désherbage des cours, culture des plantations.

Le groupe des villageoises appartenant à une même confrérie est peu hiérarchisé. Il est dirigé par une présidente ou cheftaine qui est chargée de réunir les femmes pour prier, de mener le travail de son groupe à la mission, de vérifier le comportement de ses coéquipières au village et de sermonner les déviantes. Elle est choisie parmi les femmes les plus débrouillardes, ayant une certaine autorité naturelle. Son mari doit avoir une bonne réputation. Parfois, la femme du chef a cette responsabilité. Chez les *ekoan Anna*, « l'aînée » est celle qui est arrivée la première dans le village. Une super-cheftaine habitant plus ou moins la mission a à cette époque autorité sur toutes les *ekoan*.

Des mouvements nés d'une aspiration culturelle et sociale

Parallèlement aux regroupements religieux, un mouvement culturel et social, né d'aspirations exprimées par des Ewondo et des Eton, va prendre naissance. En 1936, le docteur Aujoulat et le père Bonneau fondent les Cercles d'évolués à la demande de jeunes Camerounais catholiques et scolarisés, infirmiers et instituteurs[25].

---

25 Interview du docteur Aujoulat, Paris, juillet 1967.

Sixas

Les sixas étaient des internats catholiques dans les colonies françaises d'Afrique. Leur objectif était d'éduquer les filles selon les principes chrétiens, en leur enseignant l'hygiène, la puériculture et les tâches domestiques, tout en les préparant au mariage catholique. Ils jouaient un rôle important dans la diffusion des valeurs européennes et visaient à façonner une élite féminine conforme aux attentes de l'administration coloniale.

Au Cameroun, les sixas apparaissent dès 1921 et offrent aux femmes une opportunité d'émancipation relative en les éloignant de leur condition traditionnelle, suscitant ainsi une aspiration à une promotion sociale. Toutefois, à partir des années 1940, ils perdent de leur prestige face à la montée des associations culturelles et sociales. Perçus de plus en plus comme une forme de contrainte coloniale, les sixas sont critiqués pour les conditions de vie des femmes et le travail qu'elles y accomplissent.

TÉMOIGNAGES

Mvélé du groupe *mvog Eyae*, Ada fut enlevée vers 1916-1917 à l'âge de trois ou quatre ans par son futur mari. Elle nous offre l'illustration de l'instabilité féminine dont cette époque fut particulièrement caractérisée.

Premier mari :

« J'étais chez mon père quand un homme vint me voler la nuit. Maman venait d'accoucher, j'étais très petite. Je partis avec cet homme ne sachant où j'allais. Arrivée chez lui, il me confia à une de ses trois femmes. Au bout de quelques jours, elle m'envoya chercher des noix de palme dans la plantation. Le mari abattait alors un palmier qui me tomba dessus, j'étais presque écrasée. On me soigna... Pendant ma maladie, l'homme qui m'avait enlevée mourut aux corvées (chemin de fer) chez les *mvog Nuoma* (Ewondo). »

Deuxième mari (1920-1925) :

« Mon père arriva alors, accusa les frères du feu mari qui se sauvèrent... Il m'emmena directement chez un autre homme (j'avais six à sept ans) dont il avait reçu en dot 3 000 barres de fer, 700 francs, 5 chèvres et 1 porc. C'était le chef Ze Menduga (Mvélé nord). Je me suis débattue. Mais mon père m'a forcée parce que j'étais dotée ; nous étions dix enfants, dont cinq filles qui partirent toutes en mariage au même âge. Maman était très malheureuse de voir ses filles si maltraitées et portait parfois plainte contre son mari devant le chef ou à Yaoundé. Il m'avait confiée à une de ses femmes qui fut un peu bonne pour moi. Je suis devenue femme chez lui. Mais je ne voulais pas de cet homme parce qu'il était vieux et je partis habiter à la mission de Nkol Livolo près d'Esse. Je remboursais moi-même la dot à cet homme. »

Troisième mari (1926-1927) :

« À la mission, je connus un homme de la tribu Don, avec lequel je vécus quatre ans avant de faire l'état-civil. Mais il refusa de se marier à l'église avec moi parce que je n'avais pas d'enfant. Finalement, je partis parce qu'il prenait une autre femme. »

Quatrième mari (1932-1933) :

« En le quittant, je partis habiter deux jours chez ma sœur qui était mariée à Nginda. C'est là que je connus mon quatrième mari. Je restais chez ma sœur comme fiancée. C'est de là que je portais plainte contre mon troisième mari, afin que le quatrième puisse rembourser la dot au troisième. Tout se passa bien, et nous allâmes vivre ensemble à Mlombo (tribu Tamanan). Je me mariais avec lui à l'église. J'étais très heureuse, mais je n'eus pas d'enfant. Malheureusement, mon mari fut tué d'un coup de lance par un homme furieux [...]. Comme j'avais été une bonne épouse, la famille de mon mari me remit même sa cacaoyère. Mais je ne voulus pas rester seule, ne me sentant pas capable de mener un bon veuvage. Au bout de deux ans, je rendis la cacaoyère, remboursais la dot, et je partis dans ma famille. »

Cinquième mari (1937-1938) :

« Là, un homme d'Eveng vint me trouver et me demander en mariage. Je vins habiter avec lui après le mariage civil et religieux. Je suis heureuse, mais mon mari a des concubines, ce qui me vexe. Il n'aime pas la propreté et boit presque trop. »

Une femme ewondo habitant Mbalmayo cite en 1963 ces nouvelles attitudes qui transforment alors la vie féminine :

« Je me suis mariée vers douze ans en 1916, le jour où les Allemands sont partis de Yaoundé. J'épousais un *mvog Fouda* (Ewondo) qui était planteur et commerçant en étoffes à Loum dans le district de Ngomedzap. Nous avions été à l'école ensemble pendant trois ans à Nkolgok en allemand. Vers douze ans, je partis en mariage chez lui. Il m'échangea contre une veuve de son père, une Ewondo qui ne voulait pas de lui lorsqu'on partagea l'héritage. J'étais l'unique femme de mon mari ; nous avions presque le même âge. Je tenais la maison. Nous avons eu six enfants ensemble. J'étais très heureuse, car mon mari était très riche. Il m'amenait à Mbalmayo pour vendre le cacao. Nous avons visité ensemble Mbalmayo, Nakak, Douala. Il me battait souvent parce que ses frères lui disaient lorsqu'il rentrait de voyage ou le soir que peut-être j'avais causé avec des amis — ce qu'en fait je ne faisais pas — mais j'avais résisté à ses frères... Je le lui disais et il me comblait alors de cadeaux. Il faisait tuer des cabris ou me donnait de l'argent, des pagnes, des foulards, des boucles d'oreilles.

Lorsqu'il mourut vers 1932, tous ses frères étaient jaloux de lui, à cause de sa richesse et du nombre de ses enfants. Il est tombé malade chez sa fille en revenant d'Eseka. Il est resté malade trois semaines. On l'avait transporté à l'hôpital d'Olama, où il est mort. Le médecin a dit qu'il était anémié. »

LÉGION DE MARIE

La Légion de Marie est une association catholique de laïcs fondée en 1921 à Dublin qui encourage ses membres à des actions d'évangélisation. Inspirée par le modèle de l'armée romaine, elle est organisée en petites unités appelées *presidia*, sous la protection spirituelle de la Vierge Marie. Elle repose sur trois piliers essentiels : la prière ; l'évangélisation et l'aide aux autres ; la discipline et l'organisation, avec des réunions hebdomadaires.

Introduite en Afrique dans le cadre des missions catholiques, la Légion de Marie a joué un rôle important dans la christianisation et l'encadrement des fidèles, notamment au Cameroun. Elle s'est développée aux côtés des sixas et d'autres structures missionnaires, formant une élite religieuse parmi les convertis. Toutefois, à partir des années 1940-1950, certains intellectuels et « évolués » ont critiqué son influence, la percevant comme un instrument de contrôle colonial.

Le premier cercle démarre à Efok, où le docteur Aujoulat dirige l'hôpital Ad Lucem, puis à Yaoundé.

Ces associations culturelles s'étendent assez rapidement à tous les centres urbains du Sud-Cameroun, tels que Bafia et Mbalmayo, avec des ramifications dans les villages. Chaque membre citadin doit retransmettre chaque mois à son village ce qu'il découvre dans les réunions du Cercle. Mixtes, ces cercles sont surtout fréquentés par de jeunes gens célibataires et de jeunes ménages.

Dans les villages, l'adhésion est ouverte à tous les villageois, catholiques et païens. Seuls les protestants refusent d'y participer, car à cette époque, le clivage est énorme entre catholiques et protestants. Ils n'auraient jamais voulu faire quelque chose ensemble.

Les grands problèmes de l'époque y sont tour à tour abordés : l'action coloniale, la promotion féminine et l'évolution des femmes. Les membres font des enquêtes sur les loisirs, l'éducation des enfants, la disparition des coutumes, l'évolution de la danse. Les cercles deviennent le lieu de réflexion des ménages évolués.

Ces Cercles vont susciter la création d'une association familiale, que fonde le père Bonneau en 1940. Les membres sont tous mariés ou fiancés. La réflexion et l'action semblent alors spécialement orientées vers la vie du couple et la lutte contre la stérilité des femmes. À cette époque, on considère encore que seules les femmes sont susceptibles d'avoir cette maladie. Après la guerre, vers 1945, cette association, un moment en sommeil, donnera naissance au mouvement d'action catholique des foyers (ACF). Le père Bonneau et le chanoine Nodding en seront les fondateurs.

À cette même époque naissent des groupes culturels, précurseurs des groupes folkloriques et politiques. Les membres, hommes et femmes, se réunissent pour danser et chanter à l'occasion de fêtes ethniques ou pour des défilés. Une femme ewondo racontait en 1963 sa participation vers 1940-1941 à l'*ekoan Aniana*, groupe de gens qui dansaient et clamaient à l'occasion de fêtes ou de défilés à Yaoundé des chants patriotiques composés par Jean Atangana Ekundi. « Cela créait un grand enthousiasme parmi la population », conclut-elle.

Alors que croissent vers 1940-1943 ces nouvelles associations à but culturel et social, les confréries religieuses, les sixas, les catéchistes vont perdre de leur prestige, et se dévaluer progressivement aux yeux des Béti, comme des institutions du passé. Le retour de France des combattants camerounais est une des sources du mouvement de protestation contre la colonisation. Les sixas apparaissent comme une forme de contrainte. Les conditions de vie des femmes, le travail qu'elles assurent sont fortement critiqués ; ce contexte est devenu odieux aux évolués. Les sixas commencent à être désertés.

L'INFLUENCE RESTRUCTURANTE DE CES DIFFÉRENTS GROUPES

Les confréries féminines, bien que leurs motivations exactes soient difficiles à cerner, ont exercé une influence considérable sur leurs membres et sur la société béti dans son ensemble.

Dans la région béti, les femmes chrétiennes qui rejoignent ces groupes se distinguent par leur stabilité et leur dynamisme au sein de la famille et du village. Elles trouvent dans leur engagement religieux un soutien moral et une forme de promotion sociale. Cette appartenance renforce leur fidélité conjugale et leur dévouement envers leur famille. En retour, les époux témoignent d'une plus grande considération envers leurs femmes, dont certaines deviennent des conseillères écoutées, notamment en matière de mariage de leurs filles. Elles peuvent, par exemple, influencer leur mari pour qu'il refuse de donner trop tôt leurs filles en mariage, ou à des hommes plus âgés en échange d'une dot importante.

Dans un contexte où l'émancipation féminine émergente est parfois perçue comme une source de désordre social, les confréries apparaissent comme un facteur d'équilibre et de restructuration. Leur succès auprès des femmes s'explique par leur capacité à répondre à un désir d'émancipation et à offrir une voie d'ascension sociale. La Légion de Marie, en

particulier, connaît un engouement exceptionnel. Elle offre aux femmes un cadre structuré et un apostolat concret qui relient le sacré au social, et leur permet de jouer un rôle actif dans la vie de la communauté.

Les clubs culturels et les Cercles d'évolués viennent renforcer l'influence de ces groupes en promouvant de nouvelles formes de vie conjugale. L'accent est mis sur la connaissance mutuelle, la coopération et la solidarité au sein des jeunes foyers scolarisés. Ces espaces permettent aux femmes de développer leur volonté, leur assurance et leur sens des responsabilités. Elles remettent ainsi en question l'ordre social traditionnel et incitent les hommes à reconsidérer la condition féminine. Certaines femmes parviennent à concilier leur rôle traditionnel de gardienne du foyer avec de nouvelles aspirations sociales et personnelles.

L'impact des confréries ne se limite pas aux femmes. Il s'étend à l'ensemble de la vie familiale et contribue à une évolution des rapports entre les sexes. Les femmes, en s'organisant et en prenant des responsabilités, acquièrent une nouvelle légitimité et une plus grande influence au sein de la société. Les confréries offrent un moyen d'intégration sociale et de cohésion féminine, tout en favorisant une ouverture au changement et un équilibre renouvelé dans la société. Elles permettent aux femmes de se regrouper par âge, de se soutenir mutuellement et de jouer un rôle dans la cohésion de leur village ou de leur clan.

Les groupements religieux, culturels et sociaux ont joué un rôle essentiel dans l'évolution de la société béti. Ils ont offert aux femmes un espace d'épanouissement, de promotion sociale et de participation active à la vie communautaire. Ils ont contribué à un nouvel équilibre social et à une redéfinition des rapports homme/femme, dans un contexte de changements sociaux et culturels importants.

Docteur Louis-Paul Aujoulat (1910-1973)

Louis-Paul Aujoulat est un médecin et homme politique français, engagé dans l'action sanitaire et sociale au Cameroun.

Après des études de médecine à Lille et une thèse soutenue à Nancy en 1934, il s'implante en 1936 à Efok, où il dirige la fondation médicale Ad Lucem jusqu'en 1945. Il y mène une lutte active contre les grandes endémies (lèpre, paludisme, maladies vénériennes) et met en place un réseau de consultations pour lutter contre la stérilité.

Parallèlement, il cofonde avec le père Bonneau les Cercles d'évolués, des associations culturelles destinées aux jeunes camerounais instruits, favorisant la transmission des savoirs. Il sensibilise également la population aux questions d'hygiène et de puériculture.

Élu député MRP du Cameroun à partir de 1945, il devient une figure influente de la politique coloniale. En 1951, il crée le Bloc démocratique camerounais (BDC), mais peine à rivaliser avec l'UPC, parti nationaliste qu'il contribue à réprimer dans les années 1950.

Secrétaire d'État à la France d'outre-mer à plusieurs reprises, il incarne une vision paternaliste du développement colonial, mêlant engagement sanitaire et défense des intérêts français en Afrique.

30 janvier 1944
Début de la conférence de Brazzaville avec pour objectif de déterminer l'avenir de l'Empire colonial français

13 décembre 1945
L'Assemblée générale des Nations Unies instaure au Cameroun le régime de tutelle

11 avril 1946
Abolition du travail forcé

1946-1947
Une assemblée représentative du Cameroun est créée

1948
Création de l'UPC, parti fondé pour obtenir l'indépendance et la réunification du Cameroun

1949
Le docteur Aujoulat fonde le Bloc démocratique camerounais (BDC)

1954
Création de la Jeunesse ouvrière chrétienne (JOC)

1955
Début du mouvement ethnique nationaliste Kolo Béti, lancé par l'abbé Mviéna

13 juillet 1955
Dissolution de l'UPC après l'arrestation des leaders du parti

9 mai 1957
L'Assemblée territoriale se transforme en Assemblée législative

décembre 1958
Le Cameroun accède à une autonomie interne complète

1er janvier 1960
Indépendance du Cameroun

CHAPITRE III
1944-1959
SE PROMOUVOIR ET CONQUÉRIR LE POUVOIR

« Je suis venue habiter toute seule ici à quinze ans, en 1949. J'avais appris au village à coudre les robes. J'ai beaucoup voyagé pour me promener à Douala, Sangmélima, Ebolowa, Yaoundé, Yokadouma, Bertoua, Batouri. J'ai attrapé la blennorragie et je n'ai pas d'enfant, quoique je me sois fait soigner. J'ai rencontré mon mari sept ans après mon arrivée, sur le marché de Mbalmayo. Je représente un enfant pour mon mari parce qu'il fait tout ce que je veux et que personne chez moi ne pourrait en faire autant. Ensemble, nous buvons beaucoup de vin rouge… »

Témoignage à Mbalmayo en 1963 d'une Bane née en 1934

DÉCENTRALISATION ADMINISTRATIVE ET MISE SOUS TUTELLE DU CAMEROUN

Politique générale et évolution des structures administratives et politiques

Organisée pendant la Seconde Guerre mondiale, du 30 janvier au 8 février 1944, la Conférence de Brazzaville a pour objectif de déterminer l'avenir de l'Empire colonial français et a rassemblé tous les gouverneurs généraux et gouverneurs des colonies d'Afrique noire et Madagascar sous la présidence de René Pleven. Seuls deux Camerounais y représentent leur pays. Toute autonomie, indépendance ou évolution politique des colonies en dehors de la France est exclue, mais un programme de décentralisation administrative et d'implication des populations indigènes dans la gestion de leurs propres affaires est décidé. Les points principaux de ce programme incluent la formation d'assemblées locales et représentation des Africains dans les assemblées métropolitaines ; l'évolution sociale des milieux traditionnels avec le développement de l'enseignement ; l'africanisation des cadres ; la suppression du travail forcé, aboli le 11 avril 1946 ; la modernisation des groupes collectifs traditionnels et la suppression progressive de l'indigénat avec la suppression de la justice indigène le 30 avril 1946.

Le 13 décembre 1945, l'Assemblée générale des Nations Unies instaure au Cameroun le régime de tutelle. L'administration du territoire doit alors se faire selon la législation française. « Elle s'engage à permettre aux populations de participer à l'administration ; de se prononcer librement sur leur régime politique. Elle doit favoriser le développement économique et social des populations en prenant en considération leurs coutumes propres. Les ressortissants camerounais ont les mêmes droits que les Français. »

En 1946-1947, une assemblée représentative du Cameroun est créée, une délégation envoyée en France aux différentes assemblées et la Justice, l'armée et la gendarmerie sont organisées. Avant 1940, l'administrateur cumulait tous ces rôles ; à partir de 1946, il coordonne simplement la mise en valeur du territoire et le développement de l'action sociale. En 1949, une direction des Affaires sociales est mise en place. Des communes mixtes, composées d'une commune rurale et d'une commune urbaine, couvrant un arrondissement, sont créées cette même année à Ebolowa,

Edéa, Kribi, Nkongsamba et Mbalmayo. Leur nombre augmente en 1955 et des Comités de village sont mis en place tandis que sont nommés des maires camerounais, élus le 18 novembre 1956.

La direction des Finances, des Affaires économiques et du Plan se scinde en deux en 1949 et une Régie aérienne camerounaise est créée. En 1953, les conseillers de l'Assemblée de l'Union française sont remplacés par cinq membres de l'Assemblée territoriale : Guyarol, Soppo Priso, Ahidjo, Kemajou et Mbida. En France à l'Assemblée nationale, il y aura quatre députés du Cameroun – Molinetti, le docteur Aujoulat, Douala Manga Bell et Ninine. De son côté, la Chambre compte trois sénateurs camerounais – Grassand, Njoya Arouna et Okala. Enfin, Paul Monthé et Jacques Ngom sont nommés au Conseil économique. Les 25 et 26 mars 1953, le général de Gaulle passe à Douala et à Yaoundé. En 1954, le président de l'Assemblée territoriale est un Camerounais : Soppo Priso.

Devant la rébellion croissante, le gouvernement français incite les chefs traditionnels à faire valoir leur autorité pour l'aider à administrer le territoire. L'année 1956 marque une nette progression dans la politique coloniale. Le 23 juin, la loi-cadre est votée. Elle déchaîne les passions : « elle humilie le Cameroun, dit-on, et conduit à un assimilationnisme dont personne ne voulait[26]. »

RÉGIME DE TUTELLE

À partir de 1945, le Cameroun entre dans une nouvelle phase de son histoire avec l'instauration du régime de tutelle. Après la défaite de l'Allemagne lors de la Première Guerre mondiale, le Cameroun, jusque-là une colonie allemande, est divisé en deux zones sous administration internationale. La France obtient la majeure partie du territoire, tandis que le Royaume-Uni administre d'autres régions du nord et du sud-ouest du pays.

Avec le nouveau régime, le Cameroun devient un territoire sous tutelle de l'ONU, administré par la France. L'objectif de ce système est de préparer les Camerounais à l'autonomie politique, avec une gestion plus directe et un accompagnement international. Bien que ce régime prévoie une transition vers l'indépendance, la réalité reste celle d'une gestion coloniale française qui, malgré une façade de supervision internationale, continue de contrôler étroitement les affaires politiques et économiques du pays.

Ce régime de tutelle a été un moment clé dans l'évolution politique du Cameroun, posant les bases des futurs mouvements indépendantistes et de la lutte pour la souveraineté qui aboutira à l'indépendance du pays en 1960.

---

26 MVENG, Engelbert. *Histoire du Cameroun*. Paris : Présence africaine, 1963.

L'UPC prendra le maquis et le groupe d'Union tribale de Soppo Priso accepte de se présenter aux élections, mais n'en définit pas moins son attitude de refus devant la loi-cadre.

D'importantes consultations électorales ont lieu, auxquelles participe 46 % de la population, après que le suffrage universel a été établi. Le docteur Plantier, Jules Ninine pour le nord, le prince Douala Manga Bell pour le sud et André M. Mbida à la place du docteur Aujoulat pour le centre sont élus à l'Assemblée nationale métropolitaine.

Le gouvernement français ayant élaboré un projet de statut tendant à doter le territoire d'une large autonomie, l'Assemblée territoriale est dissoute par décret du 8 novembre 1956 et des élections sont préparées pour qu'une assemblée nouvelle et un collège unique puissent représenter l'opinion du pays. Elles ont lieu le 23 décembre 1956 dans un climat passionné, car des controverses continuent à s'élever entre candidats sur les modalités de l'évolution du Cameroun. Soixante-dix députés sont alors élus, mais deux d'entre eux sont assassinés en Sanaga Maritime. Le 9 mai 1957, l'Assemblée territoriale se transforme en Assemblée législative et André M. Mbida est investi Premier ministre, chef du gouvernement camerounais. Il nomme des ministres, mais les chefferies traditionnelles sont conservées.

La société béti est marquée entre 1944 et 1959 par une grande valorisation du politique. Il devient l'objectif à atteindre, l'institution axiale, le pôle vers lequel convergent les passions comme les principales activités et les structures mises en place. C'est une époque de désordre, de remise en cause totale, où la prise de conscience suscite de nombreux groupes politiques. Leur divergence va créer l'affrontement d'où sortira l'indépendance, nouvelle naissance de la société dont les facteurs élargissent le cercle de ses partenaires et son importance dans l'espace social et géographique.

Les changements économiques et sociaux

Le régime de tutelle poursuit la politique économique et sociale entreprise depuis trente ans par la France. À partir de 1946, son effort se porte vers l'implantation d'infrastructures dans le sud-ouest. Le pont du Wouri et le barrage d'Edéa sont conçus en 1944 ; une centrale électrique de

30 000 kW est réalisée en 1946 à Edéa. Des ponts, des routes, le port de Kribi, des industries primaires et de transformation autour de Douala sont ouverts la même année, attirant de nombreux ruraux. Le réseau routier camerounais passe de 6 000 km en 1939 à 13 000 km en 1960. L'intensification des productions vivrières et des cultures d'exportation est encouragée. Des coopératives sont créées pour contrer les gros commerçants ; elles distribuent les semences et vendent les récoltes. Des étangs sont créés comme réserves de tilapias, ainsi que des viviers pour l'ensemencement. En 1944, les finances du Cameroun accusent un excédent de 57 millions.

Toutefois, l'organisation villageoise se dégrade petit à petit. La crise du cacao est catastrophique pour les Camerounais. Les paysans, ayant vu croître leurs revenus à partir de 1938, ont augmenté leur niveau de vie, qu'ils doivent rapidement réduire. Ils se rattrapent alors sur le montant de la dot. En 1956, devant la fluctuation des cours mondiaux du cacao, du café et du coton, des caisses de stabilisation sont mises en place. Cette même année, la baisse de ces produits sur le marché mondial provoque une telle diminution des ressources chez les Camerounais que l'administration du territoire est obligée de s'orienter vers une politique d'austérité financière. La France y remédiera en partie en finançant des investissements dont l'extension de la centrale électrique d'Edéa est un exemple. Une puissante usine de fabrication d'aluminium, l'ALUCAM, est en voie d'achèvement à Edéa fin 1956.

Le gouvernement de tutelle va poursuivre l'amélioration des conditions de vie et la promotion culturelle des Sud-Camerounais. Si les migrations vers les chantiers et dans les plantations sont encore importantes, elles s'orientent également vers les centres urbains, sièges de l'administration, et lieux de commerce où se montent les premières industries. Douala attire un grand nombre de Béti dès 1950 ; Yaoundé, capitale et principal centre administratif, principal pôle d'attraction pour les ruraux béti voit croître chaque année sa population féminine : si en 1943, les femmes représentent 29,5 % de la population totale, elles sont en 1947 46,7 %. Les veuves, les épouses enfuies de chez leur mari, les célibataires viennent de plus en plus nombreuses se réfugier dans cette ère d'anonymat et de liberté que représente pour elles la ville.

Croissance de Yaoundé entre 1926 et 1954

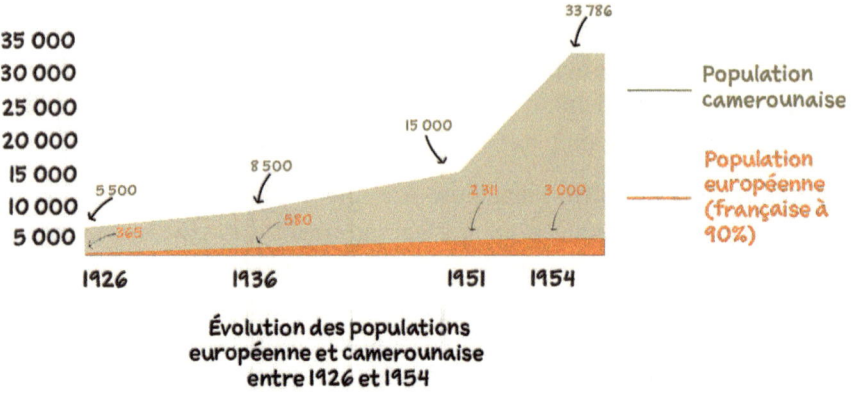

Évolution des populations européenne et camerounaise entre 1926 et 1954

En 1945, Yaoundé compte 112 entreprises européennes. Yaoundé, capitale et principal centre administratif, croît spécialement à partir de 1950-51, avec l'arrivée plus importante des Européens.

Le pays béti vit encore sous le régime des travaux forcés. Bien qu'abolie en 1946, cette pratique ne commence à ralentir que vers 1950. On note même en 1950 qu'un manifestant récalcitrant fut tué par un administrateur. Pour pallier les abus des employeurs dans les grandes plantations, une inspection du travail est créée en 1949, mais les travailleurs mal informés suspectent tout changement dans le régime. Le salaire est considéré comme une rémunération d'esclave, à l'opposé de la contrepartie en nature donnée au village pour le travail familial et tout travail collectif devient signe d'exploitation. L'UPC persuade les Sud-Camerounais qu'ils n'auront plus besoin de travailler après l'indépendance.

Les mesures sociales sont également poursuivies dans l'industrie où les conventions collectives se développent à partir de 1956 et où un régime de prestations familiales destiné aux salariés est mis sur pied. Au centre-sud, le taux de scolarisation ne cesse de progresser. L'instruction publique est créée en 1948, le lycée Leclerc de Yaoundé est ouvert en 1944. Douze établissements secondaires, d'enseignement général et technique, réunissent à Douala, en 1959, 6 000 élèves venus de tout le sud. Un comité permanent de l'éducation camerounaise est créé, auquel participent des enseignants, des membres de l'assemblée représentative et des parents d'élèves. Il est chargé de l'éducation, du sport, de l'artisanat, de l'art. Avec l'appui de l'école des parents, il encouragera les réticents à faire scolariser leurs enfants et à s'intéresser aux nouveaux problèmes de leur éducation. La prise de conscience politique, le nombre croissant de scolarisés, font naître le besoin d'information. En 1949, des journaux vont commencer à paraître : *Habekristen* et *Le Cameroun catholique*, *l'Écho nkamnam*, *La Vie nouvelle*, *L'Éveil du Cameroun*, *Radio-Presse*, *Hygiène et Alimentation*.

L'administration développe à partir de 1952 un service social destiné à améliorer les conditions de vie des citadins : hygiène de l'habitat, soins aux nouveau-nés, alimentation des jeunes enfants, etc. À Douala, un centre social est ouvert. Auguste Ladurantie, un administrateur directeur du service social, en ouvrira deux autres en 1954 à Douala et un centre à Yaoundé, Nkongsamba, Edéa, Ebolowa, Kribi ainsi qu'un poste-antenne à Garoua. Avec des consultations prénatales et pour les nourrissons ainsi que des jardin d'enfants, les centres sociaux ont beaucoup de succès auprès des femmes. Ils attirent même les rurales proches des villes. Une des grandes difficultés est de trouver des monitrices camerounaises pour en assurer la marche. Des aides sociales sont formées à cet effet à Douala à partir de 1950.

Vers 1952, l'ATCAM, l'Assemblée territoriale camerounaise, commence une double action de formation et d'animation culturelle et sociale des « évolués » ; elle est étendue aux adolescentes du lycée de jeunes filles et animée par Mlle Michel et Mme Ladurantie. Les loisirs dirigés et l'étude des problèmes sociaux amènent les élèves les plus âgées à réfléchir sur la vie traditionnelle féminine et son évolution. Ces jeunes filles seront les premières à aller faire en France des études de lettres, de sage-femme, d'infirmière ou encore de puéricultrice. Nous les retrouvons en 1966 à des postes de responsabilités.

ÉVOLUTION RELIGIEUSE, RÉACTION LAÏCISTE ET MOUVEMENTS D'ACTION CATHOLIQUE

Jusqu'en 1944-1945, le but fondamental des groupes béti était principalement orienté vers la participation au sacré. Mais depuis le début du XXe siècle, ce but s'est déplacé vers la nouvelle religion amenée par les Européens, qui est apparue aux Béti comme pouvant leur apporter un renforcement vital plus grand que les rites traditionnels, dans un contexte politique, économique et social totalement perturbé par des éléments étrangers. Cependant, vers 1944, les hommes commencent à se rendre compte qu'ils n'ont pas percé le secret des Européens : ni l'instruction ni le baptême ne leur ont fait acquérir cette force.

De leur côté, les femmes, si elles ont trouvé à la mission un havre de sécurité et un ferment révolutionnaire dans la prédication chrétienne, commencent à réagir contre le régime des sixas. Les évoluées scolarisées sont les premières à marquer leur réprobation. Cependant, bien qu'elles prennent plus à la légère les consignes des missionnaires, elles n'abandonnent pas, comme le font les hommes, leurs nouvelles pratiques religieuses. La participation aux cérémonies, la fréquentation de la mission, l'adhésion – pour les femmes âgées surtout – aux associations pieuses continuent à leur assurer une certaine sécurité dans l'évolution de leur statut. La polygamie, qui augmente dès 1944 en pays béti et la grande circulation des femmes avides de liberté à partir de 1945-50, atténue le poids et le prestige des missions, mais ne peut faire disparaître totalement leur influence. Si les hommes retournent aux sources traditionnelles, souvent vidées de leur contenu et de leurs fonctions et transformées en magie, les femmes, elles, continuent à jouer sur les deux tableaux. Elles participent parallèlement, comme elles l'ont fait dès le début, aux rites et associations ancestraux et aux cérémonies et groupes chrétiens catholiques ou protestants.

Mais si les femmes continuent à fréquenter les missions, l'atmosphère n'en est pas moins tendue à leur égard, à partir de 1943. L'UPC devient l'organe d'une démystification générale : les valeurs traditionnelles et le tribalisme sont aussi systématiquement attaqués que la religion catholique ou protestante. Les arguments connaissent un grand crédit dans toutes les couches de la population. Vers 1955, les missions catholiques et protestantes, en région bassa et bamiléké, sont attaquées par les rebelles, dont le mouvement de l'UPC a été dénoncé par les pères comme noyautés par le Parti communiste français. Ils prêchent le calme en pleine région de maquis et ne se font pas pardonner la libération des femmes qu'ils ont provoquée. Des missionnaires sont tués, des prêtres camerounais sont pris en otages, et l'Église est tournée en dérision par le gouvernement et les divergences entre les membres du clergé sont exploitées.

L'Église catholique n'en poursuit pas moins sa marche en avant. Les associations de foyers se développent, le chanoine Nodding et le père Bonneau vont donner un effort considérable à partir de 1945 pour susciter et préparer des militants chrétiens.

Vers 1950, les sixas connaissent un nouveau succès. Les hommes y emmènent les fiancées qu'ils ont dotées pour les préserver du mouvement croissant de libération féminine. Ce n'est plus seulement le lieu de refuge des femmes de vieux polygames, cela devient le plus sûr moyen de protéger les jeunes filles. Les femmes y restent plus ou moins longtemps, selon les possibilités pour le fiancé de verser la dot à ses beaux-parents. Le régime reste assez semblable à celui de leur mère : doctrine chrétienne et travaux des champs pour la mission. Elles le considèrent comme un temps de pénitence qu'elles acceptent comme une nécessaire souffrance pour accéder à l'étape du mariage, cette naissance qui leur confère un statut plus élevé. Le sixa entre alors dans le processus dynamique de renforcement vital.

Tandis que les confréries religieuses ont perdu une grande partie de leur influence, la Légion de Marie ne cesse de se développer. Les militants sont ardents et les foules apprécient les grands rassemblements, les prières publiques que provoque ce mouvement. De plus, la prise de conscience politique en région béti convertit souvent les militants chrétiens en supporters politiques. Dès 1945, ils commencent à quitter leur mouvement pour suivre l'action plus combative que leur propose Donat, instituteur communiste français.

En 1954, une nouvelle formule est lancée par un aumônier français, spécialiste des milieux ouvriers : la JOC (Jeunesse ouvrière chrétienne) pour les jeunes, et son prolongement l'ACF (Association chrétienne des foyers) pour les adultes. Mais comme toute action entreprise par le colonisateur, l'action catholique est accusée de manœuvrer dans l'intérêt des Européens.

MOUVEMENT D'OPPOSITION ET FRAGILE ÉDIFICATION DU POLITIQUE

Un désir d'indépendance

Le retour de France en 1944 des Camerounais anciens combattants est, avec les décisions prises à la Conférence de Brazzaville, l'un des événements qui ont le plus influencé le mouvement déclenché à cette époque contre le régime de tutelle. Les anciens combattants racontent l'accueil qu'ils ont reçu en France, leur découverte de familles dans la misère. Aussi concluent-ils que « les Français des colonies sont à brûler vivants ». De plus, ayant reçu la promesse de trouver au retour du travail rémunéré dans leurs villes respectives, ils sont très déçus de voir leur attente se prolonger. L'alcoolisme aidant, les critiques contre les Français ne connaissent plus de mesure ; ces derniers deviennent responsables de tous les maux.

L'abbé Thomas Ketchoua écrit en 1962 qu'après la suppression du travail forcé en 1945 :

> « Les Noirs qui étaient habitués à ne travailler chez des patrons que dans des conditions d'esclave, ne purent acquérir le goût du travail soigné d'un homme libre, car ils n'avaient pas eu de responsabilités. Ceux mêmes qui étaient fonctionnaires souffraient et n'étaient responsables de rien. Ils faisaient ce que leur patron leur disait de faire, sans savoir pourquoi.
>
> Tous les manœuvres camerounais sont atterrés de voir que, grâce à leurs efforts, l'exportation européenne en bois, bananes, café, cacao, etc., se multiplie tous les ans. Depuis que certains ont commencé à demander à leurs patrons le pourquoi de ceci et de cela, on ne s'est pas empêché de crier au communisme et le Noir ne sait pas ce que c'est que le communisme. Si certains ont une faible estime pour les communistes, c'est qu'ils sont les premiers à leur parler de l'indépendance humaine et du nationalisme.
>
> Depuis 1945, les Camerounais s'interrogent sur leur destinée d'hommes et les jours se succèdent avec des idées tantôt claires, tantôt vagues, confuses[27]. »

---

27 KETCHOUA, Thomas (abbé). *Contribution à l'histoire du Cameroun de 450 av. J.-C. à nos jours.* Yaoundé : Institut de science politique, 1962.

Syndicalisme et mouvements ethniques nationalistes

La Conférence de Brazzaville va déclencher l'action des leaders camerounais dans les villes et en zone rurale, en même temps qu'on enregistre une baisse de l'autorité des chefs à la suite de la suppression de l'indigénat. Un décret du 7 août 1944 ayant autorisé la constitution de syndicats professionnels en Afrique Noire, des syndicalistes et des hommes politiques français, représentants de mouvements ouvriers de toutes nuances, débarquent au Cameroun et lancent aussitôt le mouvement syndical auquel les Camerounais adhèrent avec ardeur. Ruben Um Nyobe et Charles Assalé sont nommés secrétaires au bureau de l'USCC (Union des syndicats confédérés du Cameroun), fondée en décembre 1944 et affiliée à la CGT française. De nombreux facteurs rendent en grande partie le syndicalisme inefficace, mais malgré leur division, les syndicats sont un élément de cohésion entre la ville et la zone rurale, exprimant la volonté commune d'une indépendance totale et immédiate et de la réunification des deux Cameroun.

C'est également entre 1948 et 1950 que naît la volonté d'indépendance des partis politiques. Cependant, leur diversité exprime les divergences de leurs idées quant aux moyens d'atteindre leur objectif. Les premiers parlementaires camerounais siégeant en France aux différentes assemblées vont devoir adhérer aux partis français : MRP, SFIO, PCF. Leur influence au Cameroun liée à celle des militants français va conduire les leaders nationalistes à adopter les mêmes tendances. Ils vont s'implanter en ville par le moyen des syndicats et des associations tribales dont l'influence est grande et reliée au milieu rural. Là, ils s'appuieront aussi sur les coopératives. Le rôle que s'assignent ces groupes aux tendances politiques diverses est surtout de lancer des idées, de provoquer des mouvements de masse et donc de créer une opinion qui finalement pèse sur les options mêmes des milieux ruraux et traditionnels.

Le milieu rural reste le facteur déterminant. Il est plus stable que les groupes urbains, très mouvants et souvent divisés, et 80 à 90 % de la population y réside. C'est dans les régions les plus isolées que se mûrissent les projets et c'est en zone rurale que naissent des associations ethniques à tendance nationaliste sur lesquelles s'appuient les principaux partis.

ANAG SAMA ET KOLO BÉTI

L'abbé Mviéna, un Ewondo, lance en 1955 le Kolo Béti[28]. Ce mouvement, qui se veut de cohésion constructive face à l'UPC, a un très grand succès dans le Nyong-et-Sanaga. Il propose aux Béti tout un programme de vie au sein d'un grand rassemblement ethnique, où il se substituerait « à tant d'associations aux buts plus ou moins dangereux[29]. »

Le mouvement, rapidement lancé, s'organise en Comités mixtes, où hommes et femmes se partagent les responsabilités dans des groupes fortement structurés. Fonctionnant comme le système social traditionnel, l'association devient pour ses membres un nouveau moyen d'intégration sociale, un creuset où se décantent idées et comportements nouveaux. L'abbé Mviéna, comme un chef de *mvôk*, cumule les plus hautes responsabilités : il rend la justice, décide des étapes de l'évolution économique de ses adhérents, de leur village, et choisit en conséquence les activités ; il dirige le culte. Le fait qu'il soit prêtre semble amener les Béti à le considérer comme un homme complet, mais détenant une force particulière : n'est-il pas chef et homme du jour, prêtre et homme de la nuit, du monde des Blancs ? Il fait renaître l'entraide entre les membres du groupe et, comme prêtre, leur propose une doctrine où ils se retrouvent. Il enterre les morts du Kolo Béti et dit des messes pour eux. Son crédit est très grand parmi la population.

À la même époque, les Eton, ne voulant pas être coiffés par un mouvement né des Ewondo, qu'ils tenaient pour responsables de la colonisation de leurs terres suite au choix des Allemands de placer Charles Atangana à la tête de toutes les populations du sud, créent l'Anag Sama. Ce mouvement cherche à réaliser l'unité des Eton et regroupe ruraux et citadins de Yaoundé.

Chacune de ces deux associations a une grande influence sur le choix des candidats au Parlement. Leurs voix sont d'autant plus décisives que chacun des deux groupements est fortement représenté dans les villes. Les leaders politiques assistent à leurs réunions pour se faire connaître et pour répandre leurs idées. Les tensions entre Eton et Ewondo commencent alors. À la veille de l'indépendance, le Sud-Cameroun est plus divisé que jamais. La recherche du pouvoir politique a déclenché une prolifération de petits partis – 84 sont légalement constitués – émiettement qui conduit finalement à leur totale inefficacité. La lutte entreprise n'est plus nationaliste. À mesure que les responsabilités passent aux mains des Camerounais, chacun veut avoir part au pouvoir.

---

28 Kolo est le premier ancêtre béti.
29 Informateur : abbé Mviéna, Paris, 1967.

Les troubles politiques s'aggravent

L'influence de l'UPC est, en 1944-1945, très étendue. Des foyers upécistes sont lancés par Ruben Um Nyobe dans tout le sud, chez les Ewondo à Yaoundé (Nkolondogo), à Mbalmayo, à Mbala-Koe chez les Etudi. Son succès est grand dans le Nyong-et-Sanaga et les militants chrétiens sont parmi les plus convaincus. Mais cette région très surveillée par l'administration n'entreprend presque aucune action subversive. Face à l'extension de ce parti, les leaders politiques du centre-sud vont essayer de lui faire barrage et de préparer des militants engagés. Se spécialisant dans une population, les leaders politiques parcourent leur zone ethnique d'origine ; ils promettent l'indépendance aux populations, l'égalité avec les Blancs et le retour aux coutumes. Finalement, l'adhésion aux partis de chaque zone ethnique va dépendre essentiellement de l'appartenance politique de son principal leader.

Face à ces divisions, le docteur Aujoulat, réformiste militant pour une évolution politique au sein de l'Union française, fonde en 1949 le Bloc démocratique camerounais (BDC), qui contrairement aux autres partis créés entre 1949 et 1954, ne s'appuie pas directement sur une appartenance ethnique. Son électorat se recrute principalement à Yaoundé et parmi les élites. Le BDC est affaibli par la perte des élections en janvier 1956, mais aussi par l'influence croissante en pays béti des mouvements ethniques Anag Sama et Kolo Béti.

En 1954, lors d'une fête du *ndongo* en pays bassa, en présence des huit principaux leaders politiques, Um Nyobe, soucieux de faire l'unité du pays et désirant faire de l'UPC le mouvement unique, propose un plan rapide pour acquérir l'indépendance. Mais les divergences sont si profondes qu'une unité d'action paraît alors impossible. Um Nyobe voudrait tout de suite négocier l'indépendance, tandis que les Bamiléké veulent conquérir le pouvoir par une lutte sanglante.

En 1955, les grèves se multiplient dans les plantations du sud. À Douala, le sang coule à la suite de troubles politiques initiés par l'UPC, les dirigeants upécistes sont arrêtés et le parti dissout le 13 juillet 1955. Mbida, chef du gouvernement, cherche à ramener le calme. Mais alors que tout semble s'apaiser dans cette zone, un massacre général d'enfants, de femmes et d'hommes a lieu dans le Mongo et le pays bamiléké. On veut chasser les Français, et l'on tue tous ceux qui ne luttent pas contre eux. Neuf mois plus tard, le 15 février 1958, Mbida démissionne et Ahidjo, présenté par le haut-commissaire Ramadier, est investi par l'Assemblée législative. Le Cameroun passe alors du statut d'État autonome sous tutelle à une autonomie interne complète par ordonnance du 30 décembre 1958 en attendant l'accession à l'indépendance le 1er janvier 1960.

L'intérêt des femmes béti vis-à-vis de cette accession au politique reste insignifiant jusqu'en 1954. Les hommes n'ont pas grand avantage à les initier à leur nationalisme montant, dont ils connaissent eux-mêmes fort mal les différentes tendances politiques qu'ils sont amenés à adopter. Seul l'UPC essaie de mener auprès des femmes du sud une campagne liée aux idées marxistes de Donat : l'égalité totale de l'homme avec la femme ou encore le mariage libre. Il n'a pas de succès.

Cependant, quelques jeunes femmes revenant de France où elles ont fait des études, souhaitent participer à la lutte pour l'indépendance, cherchant à acquérir par ce moyen un rôle plus grand dans la société. Elles adhèrent alors avec ardeur aux différentes idéologies politiques et fondent entre 1954 et 1956 quelques branches féminines de différents partis. Le Mouvement démocratique des Femmes camerounaises est le plus connu. Chaque groupe a son uniforme, moyen d'identification important pour les femmes. En 1956, les femmes béti votent avec beaucoup de conviction, mais leur choix est plus fonction de l'origine ethnique des leaders que de leur programme. Les femmes vont ainsi entrer dans ce grand courant où les peuples réalisent qu'il leur est possible de participer au pouvoir en le conquérant. Mais pour la majorité des femmes, cette recherche s'exprime plus par un désir de promotion sociale que par une volonté de participer au politique. Les leaders qui apparaissent en 1954-1955 à Yaoundé sont en grande partie à l'origine de cette prise de conscience des citadines béti : elles n'ont plus seulement des devoirs, mais aussi des droits. Les mouvements féminins de cette époque vont les aider à se préparer aux rôles nouveaux qu'elles s'assignent dans la société ; ils offrent aux premières militantes isolées à Yaoundé, libres de toute contrainte, mais aussi du cadre de référence traditionnel, un moyen d'intégration sociale. Ils permettront aux femmes béti de s'organiser pour conquérir la place et le rôle qu'elles revendiquent dans la société.

Ruben Um Nyobe (1913-1958)

Ruben Um Nyobe, né en 1913, était un leader politique camerounais et une figure déterminante dans la lutte pour l'indépendance du Cameroun. Membre fondateur de l'Union des Populations du Cameroun (UPC) en 1948, il en devient rapidement le leader. Formé aux idées marxistes, il adopte une approche révolutionnaire et prône l'indépendance du Cameroun par une résistance active et l'unité populaire.

D'abord syndicaliste, Um Nyobe se lance dans la politique à la fin des années 1940, désireux de mettre fin à la domination coloniale française. Sous sa direction, l'UPC gagne en influence, particulièrement dans le sud du Cameroun, où il parvient à mobiliser de larges masses de militants, notamment parmi les travailleurs et les paysans. Son discours est axé sur la justice sociale, l'égalité et la fin de l'exploitation coloniale.

En 1955, alors que la répression des autorités françaises se fait de plus en plus violente contre l'UPC, Um Nyobe est contraint de se réfugier dans le maquis, organisant la lutte armée contre les forces coloniales depuis la forêt de Boum Nyebel. Il appuie son invulnérabilité sur les sorciers et la magie et lance le Comité national d'Organisation qui noyautera militairement tout le pays bassa. Puis il entreprend une campagne de violence contre les Blancs pour boycotter les élections de décembre 1956 et la loi-cadre. Après de nouvelles, mais vaines propositions au gouvernement en septembre 1957, Um Nyobe retourne au maquis d'où il disparaîtra en 1958, abattu par une patrouille.

Sa mort marque un tournant dans la lutte pour l'indépendance et renforce encore l'engagement des militants camerounais.

DÉSÉQUILIBRE DES RELATIONS HOMME/FEMME ET AGGRAVATION DES PROBLÈMES SOCIAUX

L'ÉQUILIBRE PENDULAIRE EST BOULEVERSÉ, MAIS LA SITUATION FÉMININE PROGRESSE

Les relations homme/femme, comme la vie familiale béti, voient disparaître petit à petit l'équilibre pendulaire de la société traditionnelle. À la réciprocité fait souvent place l'affrontement, à la solidarité succède souvent la défiance. Les hommes, déçus, ne voient plus en leur épouse qu'un être à maîtriser pour leur service. Des femmes de tous âges se sauvent en ville : filles refusant leur mariage ; épouses fuyant leur mari brutal ; veuves voulant éviter la poigne d'un nouvel époux. Les femmes respectées et conseillères dans le village sont moins nombreuses. « La cause vient », disent des hommes mvélé de Mveng-Mengueme, « de ce que la femme d'ici, fille ou mariée, se balade trop. Elle est trop libre et n'écoute plus personne. Pour avoir une femme sérieuse, il faudrait la prendre à cinq ans. » Les valeurs traditionnelles, critères des comportements sociaux, ont de moins en moins d'importance. Un grand déséquilibre dans la vie familiale s'instaure d'autant plus que les hommes, devant l'évolution féminine, réagissent avec des concepts traditionnels mêlés à un contexte nouveau et répondent par la brutalité. Si le désir d'émancipation provoque chez les femmes béti le refus de leur statut traditionnel, la plupart des femmes se sentent encore impuissantes devant la situation qui leur a été imposée. Toutefois, sous l'influence des décisions administratives, des missions et de quelques scolarisées, la situation féminine progresse. Dans cette période de bouleversements politiques, économiques et sociaux, les femmes remettent en question toute leur situation. Elles entrent de plain-pied dans le changement, essayant d'en retirer un statut plus élevé. Leurs comportements accélérant l'évolution du système social total, elles apparaissent comme les moteurs du renouvellement béti. Des veuves à partir de 1950 commencent par exemple à refuser l'*akus*, cérémonies punitives qui délivrent du veuvage. Quelques-unes, chargées d'enfants, héritent des biens de leur mari après 1947.

Mais si le statut féminin évolue en région béti, ce n'est pas toujours au profit des intéressées. Leurs conditions de vie ne semblent guère améliorées par le développement économique. Avec l'implantation des routes

et les divisions provoquées par les diverses tendances politiques, le travail des femmes est augmenté dans les régions à faible densité démographique. En effet, elles doivent souvent cultiver des champs sur les terres du nouveau village, comme sur celles du premier village, loin en brousse. La commercialisation des produits incite aussi à produire plus. Dans beaucoup de villages, comme à Ekombitié près de Mbalmayo, à Nyep et à Sep du côté d'Awayo, les femmes béti et ewondo travaillent ensemble de vastes plantations d'arachides. Elles construisent en commun leurs cases. Mais l'adhésion aux partis politiques vient bouleverser cette organisation. Les villages sont divisés selon les tendances politiques des hommes. La femme doit suivre celle de son mari et ne peut fréquenter d'autres femmes ne représentant pas les mêmes opinions politiques. La défiance gagne. Les groupes d'entraide se défont et le travail des femmes en est accru d'autant.

NAISSANCE DE FLÉAUX SOCIAUX

Pendant que naît une société urbaine, la société traditionnelle rendue plus vulnérable par la rapide évolution économique, la liberté donnée aux femmes et la migration vers les villes, n'est plus à même de remplir son rôle de guide. Aussi la société se dégrade-t-elle dans son ensemble ; plusieurs fléaux sociaux vont voir le jour et s'étendre à tout le Sud-Cameroun.

Celui dont on parle le plus vers 1945-1946 est l'alcoolisme. Il est favorisé par le travail en ville et dans les grandes plantations, la croissance des revenus et l'éloignement du milieu familial. Dans les zones rurales les plus déstructurées, les femmes boivent comme les hommes. En ville, les débits de boissons se multiplient. En 1952, l'alcool à brûler acheté par dames-jeannes entières est apporté de Douala par des vendeuses qui le débitent par petits verres aux manœuvres des chantiers ou des plantations. Le cocktail-chauffeur (1/3 bière, 1/3 vin, 1/3 alcool à brûler) est très à la mode. Le vin de palme sur le bord des routes et dans les gares, les fabrications locales d'alcool, connaissent un regain d'intensification. En ville, lorsque le magasin n'est pas un débit, on peut remarquer un réduit en paille qui sert à la dégustation du vin et où les hommes ivres déversent leur trop-plein dans le récipient collectif. Les débits sont souvent occupés par de jeunes femmes qui servent de rabatteuses et se livrent par la même occasion à la prostitution. Beaucoup d'entre elles sont loin d'être majeures.

L'AKUS

L'*akus*, rite de délivrance du veuvage, est pratiqué par toute femme qui vient de perdre son mari.

Si un homme a acquis une certaine renommée avant sa mort, le clan célèbre pour lui l'*esani*. L'*akus* en est la suite, dont l'accomplissement clôt pour les veuves les mauvais traitements que leur font subir les *mingongon* (sœurs du mort) et les *bankal* (fils de ces dernières). Ces *mingongon* sont les intermédiaires entre les partenaires de l'alliance. En effet, elles tiennent du mari par le sang et de la veuve par le sexe. C'est un moyen de plus pour punir les grandes coupables, « pour les tourmenter, dit l'abbé Tsala, afin de les préserver des vexations plus terribles de leur mari défunt, qui peut leur envoyer la folie et la stérilité du sol. » Mais la fin de l'*akus* marque aussi pour la veuve l'affranchissement d'avec son époux. Désormais, elle peut se remarier ou plutôt vivre avec un autre homme.

Le long passage de la mort à la vie commence lors de l'*esani*, cérémonies qui suivent la mort du mari. La relation se joue entre les guerriers et le défunt, entre les *mingongon* et les veuves. Après la danse guerrière destinée à glorifier le disparu, à lui dire adieu, les danseurs bariolés de rouge (masculin) et de blanc (féminin) semblent charger le mal, ennemi invisible amené par les femmes, avec leurs longues sagaies. Avec les esclaves, les femmes pouvaient payer, et même se racheter en accompagnant leur maître dans sa tombe, sa dernière demeure.

Le père et le frère de l'abbé Tsala lui ont raconté un *esani* auquel ils avaient assisté au début du XXe siècle :

> « Quand ils arrivèrent dans le village, les *bankal*, fils des sœurs du mort (neveux maternels), furent regardés par les veuves comme leurs bourreaux. En effet, ils étaient chargés de venger le mort. Les neveux de Sibom Ngono tuèrent d'abord un esclave qu'on était venu leur apporter en cadeau, sur le chemin. Ils le coupèrent en morceaux et le jetèrent dans la brousse (parfois on en faisait tapisser le fond de la tombe). Puis ils s'avancèrent sur la cour du mort, et jetant des cordes qu'ils avaient amenées, ils dirent : "faites servir cela".
>
> Le fils d'une femme essaya de protéger sa mère, mais un des cousins du mort se leva et dit "vous, il veut me tuer. Il a monté un complot pour me faire disparaître ainsi que son père". Défiant le jeune homme, il alla chercher la mère et la fit pendre, sous les yeux de son fils tremblant par un *monkal*.
>
> À cette époque-là, le fait était courant. »

La mise en terre du défunt ne clôt pas les cérémonies de la mort. Les funérailles proprement dites, qui entraînent une grande consommation de moutons et de chèvres, demandent plusieurs mois de préparation. Pendant cette période qui peut durer une année, les veuves qui ont été épargnées sont enfermées dans une cave solidement barricadée et gardée, à cette époque-là, par un esclave solide et vigilant. On l'appelle *nnoni-minkus*, le gardien des veuves. Il doit empêcher que les femmes du village ne les approvisionnent en eau et en nourriture. Si la nourriture leur est cependant glissée par le toit, l'eau leur est formellement interdite, car la veuve ne doit pas se laver. Empêchées également de sortir, même pour des besoins urgents (sauf paiement aux *mingongon*), les veuves qui doivent coucher nues à même le sol sont vite envahies de poux et vivent dans un milieu empesté. Elles ne peuvent se couper les cheveux. Quelques-unes meurent de congestion pulmonaire. Tous les matins, dès le chant du coq, elles doivent pleurer.

Après cette première étape de l'*akus* qui dure vingt-six jours, le frère du défunt, responsable de l'héritage, décide de la deuxième étape. L'une de ses sœurs, une *mingongon*, en assure l'exécution. Elle reçoit de chaque veuve une indemnité coutumière (poules, *daba*, bracelets, balai, pots de terre, etc.), contre laquelle la veuve est conduite à la rivière pour se laver sauf la tête. La veuve qui ne peut pas s'acquitter de l'indemnité doit attendre l'aide de sa famille pour se laver.

Ensuite, les veuves se couvrent le corps de terre grise, de vase, puis se mettent deux feuilles de bananier fraîches (*ébui*), une petite devant, une grande derrière descendant jusqu'aux talons. C'est la période de *mebi minson*, « les excréments de vers ». Elle dure environ trois mois, une saison des pluies. Elles reprennent alors des activités normales – culture, pêche, cuisine, consommation de nourriture, chant – mais chaque action nécessite une autorisation et implique un *esoe-akus* (indemnité coutumière) symbolique.

Après *mebi minson* succède la période du *fem* ou kaolin. Les femmes, couvertes d'argile blanche de la tête aux pieds et revêtues de feuilles de bananier, provoquent la frayeur des enfants. Lorsque le responsable de l'héritage décide de l'*etobo awu* ou *esoe meyok*, les funérailles, également jour du partage matrimonial, il appelle toute la parenté. Les veuves doivent accueillir ou répondre par des pleurs aux femmes qui arrivent. Le frère du mort s'avance au milieu de la place que cernent la parenté et les amis, une petite lance dans sa main droite et un chasse-mouche dans l'autre. Il demande au *ndzo*, un vieux connu pour son éloquence, chargé de la parole dans les funérailles, de prendre la parole. Scandant chacune de ses phrases d'un geste de chasse-mouche, et l'exprimant en parabole sur le thème de la mort provoquée par des méchants qu'il faut punir, il termine par la formule rituelle « *ma di, ma di, ma wan ma wan* » et « *beve beve y'alu,* » qui délivre le village du deuil du défunt.

Mais avant de purifier le village de tout danger de mort, de prendre le repas des funérailles, de partager l'héritage et d'introniser l'héritier, il donne l'ordre de commencer les épreuves finales qui doivent affranchir les veuves de l'influence de leur mari décédé. Elle débute par l'épreuve du *nkok* (la biche) que représente chaque veuve poursuivie nue par les hommes du clan de son mari, et parfois par les *mingongon*, en signe de soumission. Armés de bâtons, ils matraquent les veuves qui doivent parcourir environ deux cents mètres, de la lisière de la forêt à leur case où elles se réfugient. Des galants repoussés en profitent pour se venger. Puis vient la deuxième épreuve. Chaque veuve doit porter un gros tronc de bananier feuillu, le côté de la racine posé sur l'épaule, l'autre extrémité pendant jusqu'au sol par-derrière. Elle doit le traîner du bas du village jusqu'en haut où se trouve la case du chef, près de trois cents mètres. Sur tout le trajet, les *mingongon* piétinent les feuilles pour la *fui* (bafouer en provoquant de brusques secousses). Des femmes âgées, épuisées par tant d'efforts, meurent à la suite de cette épreuve. Ensuite, une épreuve des plus humiliantes aux dires des veuves consiste en *bikindi* ou roulements par terre. Comme des billes de bois, les femmes mordant la poussière vont ainsi d'un bout à l'autre de la cour, parfois du village.

Les rites terminés, les *mingongon* vont plonger les veuves dans la rivière pour enlever la souillure subie au contact du défunt et, avec elles, éviter la stérilité du sol. Au retour, pour vérifier leur fécondité retrouvée, on leur fait planter quelques graines dans un sol fertile. Le deuil va prendre fin ; les veuves doivent encore donner une compensation à chaque *mingongon* : poulet, graines de courge, arachides, etc. Elles sont battues jusqu'à acquittement. Puis, rassemblées devant le président de l'*esoe meyok*, les femmes, par la voix du *nkul* (tambour d'appel), doivent affirmer qu'elles ont bien tué leur mari : « *ma woé, ma boya,* » « Si je ne l'ai pas tué, qu'ai-je donc fait ? » Une *mingongon* leur rase alors la tête. Elle donne en échange de cette vie retrouvée un coq blanc au responsable de l'héritage. Lorsque parents et amis sont assemblés, l'*etobo awu* peut commencer. L'héritier retrace la maladie et l'agonie du défunt, tandis que les veuves accueillent les dernières venues par leurs pleurs. Puis l'*esok* (conseil des anciens), conduit par le *ndgo*, commence le partage de l'héritage : les biens, les veuves, et les filles non mariées. Cette grande réunion clanique se termine par la bénédiction du patriarche de la tribu et l'investiture du nouveau chef de famille, l'*evaa meté*. Avant de se quitter, ces parents et alliés venus de tout le pays prennent un grand repas communiel, l'*esoe meyok*, le festin funéraire, tandis que la tête du bouc est enfouie sous la terre, emportant avec elle toutes les malédictions de la famille.

Alcoolisme après 1945

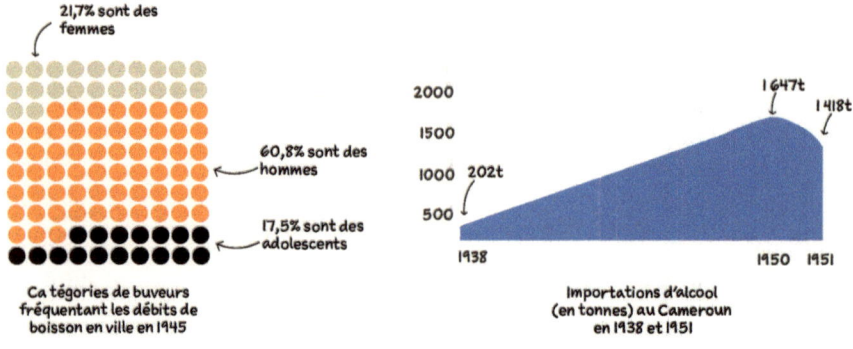

Catégories de buveurs fréquentant les débits de boisson en ville en 1945

Importations d'alcool (en tonnes) au Cameroun en 1938 et 1951

La baisse des importations entre 1950 et 1951 est peut-être occasionnée par l'arrêté du 18 mai 1948 qui réglemente la vente et la circulation de l'alcool. Mais ce n'est qu'en 1953 que commence une action efficace pour réduire l'alcoolisme.

Ce n'est qu'en 1953 que commence une action efficace pour réduire l'alcoolisme. Elle est menée par une campagne que lance alors l'Union féminine civique et sociale (UFCS).

Un autre fléau social est la croissance démesurée de la dot, corrélée à la baisse des revenus à partir de 1939. Les planteurs, habitués à une vie plus facile depuis qu'ils touchent les revenus du café et du cacao, doivent bien trouver un moyen de contrebalancer leur perte. La dot augmente à mesure que se réduit le prix du cacao et qu'augmente le travail en ville des jeunes gens. Des décisions gouvernementales essaient de freiner cette augmentation. Elle passe de 1 500 francs CFA à 40 ou 60 000 francs CFA selon la richesse des planteurs et ne fait que progresser, bien que des variations soient enregistrées dans les régions éloignées des principaux centres urbains. Chez les Manguisa, pays isolé à forte densité démographique et où manque la terre, les revenus sont bas ; la dot n'excède pas 2 500 francs CFA et 5 cabris en 1944. Par contre, elle augmente alors que s'accroît le nombre des migrants et que se développent les relations avec la ville. En 1962, elle est de 150 à 200 000 francs CFA, 1 bœuf et 4 sacs de morue. En 1951, le décret Jacquinot s'efforce de protéger la jeune fille et la veuve contre le trafic de la dot. Sous l'influence des missions catholiques, quelques pères prennent l'initiative de ne pas demander de dot à leur gendre. Mais la plupart des hommes exigent des sommes et des cadeaux de plus en plus importants, que leurs filles acceptent comme un gage de leur valeur. Ainsi se développe à nouveau la polygamie à partir de 1944, un grand nombre d'épouses devenant signe de richesse, facteur de prestige et d'autorité. Si les femmes commencent à se plaindre de la croissance de la dot, elles sont les premières à l'exiger de leur fiancé. Il manifeste ainsi l'estime qu'il porte à sa future épouse. Mais ces dots élevées ne peuvent être versées que par de riches planteurs ou par les premiers citadins travaillant dans le commerce ou dans l'administration. Ils sont généralement âgés et polygames, cherchant à avoir des femmes jeunes pour accroître leur descendance et augmenter leur capital de travail. Cette capitalisation des femmes par les anciens entraîne l'impossibilité pour beaucoup d'hommes jeunes, aux maigres revenus, de se marier. Il ne semble pas que les femmes des foyers polygames regrettent leur situation si leur mari n'est pas brutal et également juste avec toutes ses épouses. Leur attitude change lorsqu'elles ont été convaincues par les missions que leur sort est misérable.

L'augmentation de la dot, la croissance urbaine, et les évolutions des mœurs contribuent à une plus grande instabilité dans la situation des femmes béti. Le relâchement de la pression sociale villageoise est l'une des principales causes. Les jeunes femmes des villages et des champs, dégagées de toute pression sociale, attirent les jeunes femmes en quête de liberté et d'argent. Sur les marchés périodiques, les commerçants séduisent les adolescentes ; ils leur promettent argent et épousailles et un beau jour, les filles les suivent. Lorsqu'elles reviennent au village quelques mois ou années plus tard, leurs pères essaient, mais en vain, de punir les fugitives.

Le mouvement est inexorablement enclenché et les femmes n'écoutent plus que leur désir de se libérer de toute contrainte. Celles qui refusent le mari choisi par leur père sont de plus en plus nombreuses. Mariées, elles sont moins soumises ; cela favorise, avec l'alcoolisme, les conflits entre conjoints. À partir de 1952, certains maris ivres tuent leurs femmes. Elles ont souvent voyagé et ont vu des habitudes de vie différentes. Elles ont pris des initiatives et ont dû se débrouiller par n'importe quel moyen pour survivre. Elles quittent l'époux trop brutal et commencent à recourir à la justice. Les divorces augmentent. Les relations entre conjoints sont souvent chargées de méfiance et d'agressivité. Mais à cette époque, les

TÉMOIGNAGES

Une Eton-Essele de Nkondandeng (née vers 1935) nous raconte en 1963 :

« J'ai perdu ma mère très jeune. J'étais l'aînée de trois filles. Mon père me confia à une de ses quatre femmes, et mes sœurs à des parentes mariées à Douala. Cette femme me maltraitant beaucoup, mon père me retira de chez elle et me garda avec lui. Il m'aimait beaucoup et me nourrissait. Mais il me vendit jeune. Il refusa toujours de nous laisser aller à la mission, d'aller à l'école et de nous faire baptiser. Vers huit ans, il me dit d'aller travailler sous les plantations de ma mère. À treize ans (1948), il voulut me donner de force à mon premier mari. Il avait touché la dot. Mais je refusais cet homme parce qu'il était beaucoup plus vieux que moi et me sauvais au bout de huit jours. Comme mes sœurs étaient aussi maltraitées, je demandais à mon père de les faire revenir et je m'en occupais.

Je me mariais vers seize ans (vers 1950). Mon mari remboursa la première dot et donna à mon père : 90 000 francs, 20 chèvres, 1 porc, 20 litres de vin de palme, 2 pagnes, 10 régimes de bananes, 4 sacs de sel. Mon mari me mit d'abord au sixa. J'appris à broder seule, à coudre à la main. Je fus baptisée et nous nous sommes mariés à l'église. J'eus trois enfants, dont un est mort. Je connais Yaoundé où j'ai été plusieurs fois seule et nous allons souvent ensemble à Obala (10 à 15 km). Mon mari ne prit jamais d'autres femmes. Nous faisons tout ensemble. Nous partageons les travaux de la maison. Il m'aide et je l'aide. Je lui raconte tout ce que je fais, d'autant plus que je n'ai plus personne de ma famille. Il me parle de ses projets et de ses soucis. J'ose lui dire ses torts, même devant le chef, même devant les Blancs. Si je lui parle devant les hommes, il se fâche beaucoup. Mais quand nous revenons ici, il me dit : "Est-ce que les autres femmes font comme toi ?" Nous réglons entre nous nos palabres, et nous battons nos enfants s'ils nous désobéissent. Je n'ai pas d'amie au village, les autres femmes sont jalouses de moi. Elles me traitent de "sainte". »

Une femme ewondo du quartier de Newtown à Mbalmayo, née vers 1929, nous raconte en 1963 ce qu'elle devint après que son mari l'a chassée de chez lui :

« Je connus mon mari vers treize ans (1942). Il était venu assez jeune de Douala, travailler comme mécanicien dans l'atelier d'un Blanc d'Ouambesse, vers Kribi. J'acceptai de l'épouser. Il devint chauffeurmécanicien et nous avons beaucoup voyagé, étant affectés à Garoua, Maroua, Douala, Yaoundé et Mbalmayo. J'ai eu sept enfants avec lui. Tous ont été à l'école. En 1954, alors que nous habitions Mbalmayo, une nuit, il m'a chassée de chez lui avec ses enfants. Ensuite, il a vendu la maison et les meubles. Il avait une amie qui était déjà mariée. Il voulait l'épouser, mais a eu peur du mari. Il partit alors pour Douala où il prit deux autres femmes, puis à Bertoua où il emmena aussi ses sept enfants. Mais ils ont essayé de venir me rejoindre ; sur la route, ils ont rencontré leur grand-mère paternelle qui a ramené avec elle les plus jeunes à Bertoua : deux filles et un garçon. Les filles sont les servantes des autres épouses qui n'ont pas d'enfant.

J'ai eu trois autres enfants depuis. Je vis avec ma mère. Le maire m'a donné un lot de terre pour construire. Pour avoir l'argent nécessaire à mes enfants, je vendais du vin, de la bière et des cigarettes dans les marchés périodiques. Mais je suis malade et mes enfants mendient chez les voisines, qui nous donnent de la nourriture. »

Une Bane, née en 1934, qui habite Mbalmayo, nous racontait en 1963 :

« Je suis venue habiter toute seule ici à quinze ans, en 1949. J'avais appris au village à coudre les robes. J'ai beaucoup voyagé pour me promener à Douala, Sangmélima, Ebolowa, Yaoundé, Yokadouma, Bertoua, Batouri. J'ai attrapé la blennorragie et je n'ai pas d'enfant, quoique je me sois fait soigner. J'ai rencontré mon mari sept ans après mon arrivée, sur le marché de Mbalmayo. Je représente un enfant pour mon mari parce qu'il fait tout ce que je veux et que personne chez moi ne pourrait en faire autant. Ensemble, nous buvons beaucoup de vin rouge… »

Pour H. Essomba-Owono, un Ewondo, douanier travaillant à Garoua, la raison pour laquelle il ne dit pas à sa femme ce qu'il gagne vient de ce que :

« La femme camerounaise se considère comme attachée au service de son mari qui, à ses yeux, est un individu quelconque. En vérité, elle reste toujours unie à sa famille de sang au profit de laquelle elle exploite son mari par toutes les façons.

Par ailleurs, les caprices et la légèreté féminins sont très connus. Il faut ajouter que la dot et la cupidité de la belle-famille viennent empirer une situation déjà bien mauvaise. Pour la femme camerounaise, ce qui compte le plus ce sont ses vêtements ; la nourriture vient en dernier lieu, l'épargne est ignorée… Le remède n'est donc pas dans la connaissance du salaire, mais dans celui du mariage africain. »

séparations des conjoints aboutissent rarement au divorce. Deux autres cas se produisent le plus souvent : pour une raison ou une autre, le mari chasse sa femme de chez lui, souvent pour épouser une femme plus jeune ou bien la femme quitte son mari trop brutal avec elle, ce qui l'oblige à rembourser elle-même la dot. Lorsque ce sont les femmes qui veulent quitter leur mari, ou divorcer, l'obligation d'avoir à rembourser une dot dont le montant ne cessait de croître entraîne pour elles des mariages en cascade.

On voit se développer ce phénomène à partir de 1950-52, lorsque s'étend l'émancipation féminine. Les familles ne veulent plus rembourser la dot due pour leur fille lorsqu'elle veut quitter son mari : ils ont souvent utilisé l'argent et argumentent que la rembourser encouragerait leur fille à quitter facilement son mari. Beaucoup de femmes doivent donc trouver par elles-mêmes les fonds nécessaires. Leurs faibles ressources ne suffisant pas, elles ne voient qu'une solution, celle de chercher un autre mari assez riche pour rembourser la dot au premier. Ceux-ci doivent non seulement verser la dot au précédent mari, mais également satisfaire par un complément élevé les exigences de la famille. Ces candidats, souvent polygames âgés, plus ou moins tyranniques, amènent les jeunes femmes à rechercher un troisième mari encore plus riche pour rembourser au le deuxième les deux dots. Le processus continue ainsi indéfiniment engendrant une série de mariages en cascade, une fragilité de plus en plus grande des alliances.

Avec la circulation des jeunes villageoises qui se rendent sur les marchés périodiques pour y vendre des produits agricoles, la prostitution augmente également. Douala, port maritime, est le premier centre où se développa la prostitution à partir de 1942. Un rapport du Commissariat central de Douala signale à ce sujet en 1952 : « Depuis le développement du commerce et avec l'évolution féminine, l'extension des besoins féminins a été provoquée par l'exemple des Européens. Femme mariée, la femme se procure de l'argent comme elle peut. » Il en résulte de nombreuses maladies vénériennes, une stérilité et une mortalité infantile accrues.

Aux journées d'études familiales organisées en avril 1954 par l'UFCS, M. Souelle expliqua le processus de la prostitution :

> « Parmi les fléaux sociaux qui sévissent ici de plus en plus, les maladies vénériennes sont les plus redoutables.
>
> Jadis, on vivait dans des hameaux isolés, au milieu des siens [...]. Ajoutez à cela la sévérité avec laquelle la coutume punissait l'adultère. Il y eut même des cas où l'épouse était mise à mort. Avec l'arrivée des Européens, il fut question de créer des agglomérations en bordure des routes afin de faciliter les contacts [...]. La famille fut désorganisée, et un nouveau mode de vie institué. Les autos passaient et avec elles le village connut d'autres hommes, d'autres contacts, d'autres mœurs. On crut que c'était superficiel, mais non une empreinte marqua le fond de chaque villageois.
>
> Nos villageois à leur tour partiront rendre visite à la ville. Ce fut un émerveillement : facilité de vie, méconnaissance de toute discipline du cadre traditionnel [...]. L'Africain, habitué à la morale coutumière à base d'interdits et de châtiments exemplaires, pense peut-être que si l'on ne punit plus ; c'est qu'il n'y a plus de faute.
>
> Alors vint le goût du beau, du luxe, de la fortune [...]. On vient d'arriver, déjà les besoins se créent. Il faut à tout prix exploiter la situation [...]. Si c'est une fille, ce métier rapporte. Mais la maladie a vite fait d'arriver. Sait-elle la gravité de son mal ? Le danger qu'elle présente pour le public ? Certainement non. Il faut se nourrir, s'habiller élégamment ; alors elle continue à la même cadence ».

SOLIDARITÉ FÉMININE, REGROUPEMENTS ET ÉDIFICATION NATIONALE

UN DÉSIR D'ÉMANCIPATION

La division politique du Sud-Cameroun suscite la méfiance depuis 1950-1955. La divergence des opinions provoque un frein et souvent même un arrêt des activités collectives de travail et d'entraide dans les villages. Ce changement provoque un réel déséquilibre dans l'organisation des *mvôk*. C'est alors que les femmes se retournent vers les groupes nouveaux, dont certains deviendront pour elles de véritables communautés locales de substitution. Ce sont les associations religieuses, dont la plus suivie est alors la Légion de Marie, quelques branches féminines de partis, et les regroupements ethniques et nationalistes mixtes. Leurs ramifications en ville ont une influence politique et font naître une solidarité nouvelle entre ruraux et citadins béti. Mais des divergences apparaissent dans les rôles joués par les associations : on voit que les groupements religieux et les branches féminines des partis ne remplissent pas comme au village toutes les fonctions qu'assurait autrefois la famille. La société urbaine, plus complexe, n'offre pas encore toutes les institutions chargées d'opérer les fonctions socio-économiques et éducatives. Les citadines, habituées par une longue période d'évolution économique et sociale, par les mesures du système colonial en faveur de la femme, par leur participation aux efforts de guerre, souhaitent aussi vivement que les hommes avec la politique, mettre en place des organes facilitant l'évolution de leur statut et leur assurant une plus large intégration dans la société.

Des leaders camerounaises et quelques Européennes vont créer, dès 1952, des associations dont le but répond à un besoin de formation autant qu'à un besoin de solidarité féminine face à la complexité croissante de la vie sociale. Parmi ces associations, on peut citer la Jeunesse féminine camerounaise lancée à Yaoundé en 1952 par Mlle Azang ; l'EVCAM créée à Dschang par M. Oyono, dont une section sous le nom d'EFECAM sera fondée à Yaoundé en 1958 ; les *biabia* mis en place en 1958 par Lydie Adjoa Kaladji à Yaoundé ; *Affide Nnam*, « Espoir du Pays », créé par neuf femmes ewondo, à Yaoundé en 1959.

De cette initiative à laquelle participent les femmes béti en milieu urbain se dégagent les grandes lignes qui caractérisent l'évolution à cette époque. La société féminine a pris conscience que son destin est avant tout entre ses mains ; les hommes ne seront plus les seuls à prendre les décisions pour chacun des membres du *mvog* : les femmes découvrent qu'elles ont également des droits. Aux hésitantes, Madeleine Azang se charge de rappeler qu'elles « ne sont pas des chèvres pour appartenir à un homme. » La société féminine va s'organiser pour acquérir les droits qu'elle revendique, comme elle le faisait autrefois pour se protéger et se renforcer face à la société masculine. L'EFECAM affirme lors de sa fondation qu'il veut permettre à la femme de se sortir de sa condition, la mettre en valeur. Le Mouvement des femmes camerounaises et l'Association des femmes camerounaises œuvrent dès le début pour une émancipation de la femme par une formation ménagère, sanitaire (hygiène, puériculture), sociale, civique et culturelle (alphabétisation). L'Union pour la défense des mères camerounaises (UNAMDEFAC) s'organise pour promouvoir l'émancipation des mères, et aider les mères isolées en difficulté dans la société urbaine où l'anonymat grandit. Les associations essaient de résoudre quelques problèmes sociaux et économiques, tels que les rapports mère-enfant, et une entraide est organisée pour les plus nécessiteuses.

La promotion féminine visée par ces associations devrait retentir sur la famille et le pays, par des changements et des actions constructifs. L'Union féminine civique et sociale (UFCS) nous en donne un exemple. Fondé en 1953 à Douala par Mme Ladurantie, une Française, ce mouvement affirme clairement son but : aider les Camerounaises à prendre conscience de leur dignité, de leur personnalité propre, de leurs rôles ; les préparer à leurs responsabilités sociales et civiques de demain en les formant à tous les niveaux, leur donner droits et place dans la société en rapport avec leurs devoirs et leurs responsabilités ; les conduire à coopérer avec les hommes pour protéger et consolider la famille, améliorer leur niveau de vie, agir sur les structures et amener les groupes à accepter le changement des institutions. Sa pédagogie est active. Le processus de formation est mené par les intéressées, suivant le déroulement suivant. À partir de cas concrets relatés par les participantes, un retour aux sources, aux coutumes, est observé, puis les comportements traditionnels sont réfléchis par les intéressées. Enfin, des décisions collectives sont prises concernant les nouveaux comportements à adopter. En conservant ce qu'il y a de bon dans les usages anciens, elles relient les pratiques locales à des méthodes nouvelles. Chacune des adhérentes transmet ensuite ce qu'elle a appris aux femmes de son quartier et dans son village natal. Avec l'accord des époux des adhérentes, Mme Ladurantie met en route dans tous les quartiers des sections qui oraganisent des formations ménagère, sanitaire, sociale et civique. Les réunions se font dans les quartiers chez chaque femme à tour de rôle. Le sujet abordé est choisi en fonction des problèmes relatés par les femmes : couture, hygiène, alimentation, puériculture, vie familiale.

En même temps que la base, les élites sont touchées : les adolescentes du lycée de filles à Douala réfléchissent comme leurs mères aux divers comportements coutumiers. La plupart de celles qui partent en France faire des études reviennent deux ou trois ans après, prenant des postes ; beaucoup militeront dans des associations. Des campagnes contre les fléaux

sociaux – l'alcoolisme, la dot et les traitements infligés aux veuves – sont entreprises entre 1953 et 1955. Un congrès tous les deux ou trois ans réunit toutes les adhérentes et leurs maris autour des grands problèmes sociaux qui freinent leur promotion et celle de la famille ; congrès et campagnes touchent tout le Cameroun rural et urbain. En avril 1954, de nombreuses élites (les orateurs sont des hommes et des femmes camerounais) participent à Douala à des journées de réflexion et de synthèse sur les principaux problèmes sociaux de l'époque : la dot, la prostitution, le divorce, etc. Les organisatrices voudraient amener les hommes comme les femmes à prendre des décisions d'assainissement social. Une plaquette est lancée contre l'alcoolisme. Des concours sur ce sujet et sur le thème de la mère sont organisés dans les écoles.

En 1955, l'UFCS fonde une section à Yaoundé, à Edéa, à Foumban, et organise des activités dans les quartiers. En 1957, deux sections fonctionnent à Yaoundé, une à Obala et une à Efok. Une réunion par semaine regroupe au moins cinquante participantes dans chaque quartier. Un centre ménager réunit à Mvog Mbi des jeunes filles de la région béti : elles viennent de quatorze et même seize kilomètres. On observe rapidement les résultats ; les parents, les maris témoignent eux-mêmes que les enfants sont mieux tenus, et sont moins malades ; les maisons sont plus propres et quelques aménagements sont faits. L'UFCS organise également une section artisanale de couture en 1957, afin d'élever le niveau de vie des familles et de mettre en valeur les compétences féminines : 150 femmes y participent en 1958. Le groupe assimilé aux sections artisanales vend les objets confectionnés par le moyen de la Coop-Sap. Les résultats sont intéressants : le revenu annuel par famille est accru de 185 000 francs CFA. Tout est fait pour améliorer la vie de la femme. La même année, un fourneau économique en terre est mis au point ainsi qu'un moulin pour réduire les arachides en pâte. Un essai d'utilisation collective de machine à tricoter fait coopérer analphabètes et scolarisées. Enfin, en 1957, un « clos des petits » (jardin d'enfants) est ouvert par l'UFCS. Des publications *Petits conseils pour grands progrès* et des interviews à la radio réunissent des Camerounaises autour de sujets concernant la femme et la famille.

L'action de cette association ne touche pas seulement le milieu urbain. Les citadines se rendent fréquemment au village et transmettent ce qu'elles ont appris aux rurales. Ensemble, elles entreprennent des travaux d'assainissement, de rénovation de l'habitat et d'aménagement de points d'eau. En 1957, Mme Ladurantie, ayant pris contact avec quelques présidentes de sociétés traditionnelles féminines bamiléké, pense orienter une partie de l'action de l'UFCS vers la formation des responsables d'associations. L'action des sociétés bamiléké et le désir de leurs leaders la poussent à compléter leurs connaissances en matière d'hygiène et de puériculture. Depuis plusieurs années, Mme Ladurantie forme d'ailleurs de cette façon celles qui travaillent avec elle afin de les préparer à prendre le relais. Cette association est la première à orienter son action vers une évolution positive de la famille, à travers la formation féminine.

Une recherche de sécurité et d'intégration sociale au sein de regroupements ethniques

La complexité de la vie urbaine, la multiplicité des modes de vie, des croyances, des coutumes, l'isolement et le désarroi devant lesquels se trouvent les nouvelles citadines vont inciter les femmes de Yaoundé à se regrouper par même origine ethnique, ou entre femmes de mêmes croyances, pour se retrouver dans une région culturelle, pour s'entraider et pour s'initier aux comportements modernes et urbains. L'ASSOFECAM, l'*Afide Nnam*, les *biabia*, l'Association des jeunes filles camerounaises, le Cercle d'études des femmes chrétiennes sont organisées dans le but de favoriser l'adaptation et l'intégration des femmes à la vie urbaine. L'ASSOFECAM est fondée pour venir en aide aux mères de famille isolées à Yaoundé, loin de la solidarité familiale. Celles qui lancent *Afide Nnam* expliquent que « des Ewondo se sont réunies au début pour défiler et se réjouir ensemble lors des fêtes, pour parler des malheurs de la famille, pour se porter assistance morale ou pécuniaire en cas de mariage, naissance ou décès et s'apprendre mutuellement l'entretien de la maison, les soins aux enfants, etc., afin de resserrer les liens de solidarité entre les membres et promouvoir l'évolution de la femme camerounaise. »

Une volonté de promotion sociale dont l'évolution de la famille serait le prolongement

L'Association des jeunes filles camerounaises est créée par Madeleine Azang pour protéger les adolescentes isolées en ville. Des distractions – excursions, danses, soirées folkloriques – sont organisées ; une initiation à l'hygiène est donnée ainsi que diverses techniques ménagères. Elles réfléchissent ensemble sur les coutumes du mariage, la dot, la vie conjugale et vont dans les villages aider les paysans dans leurs travaux et leur transmettre ce qu'elles ont appris en hygiène.

Les *biabias* dont le nom signifie « nous nous » ou « entre nous » sont une association fondée en 1958 par quatre femmes d'Akonolinga, vivant à Yaoundé : des Yébékolo et des Maka. Lydie Adjoa Kaledji raconte qu'après avoir demandé à ses sœurs de même tribu installées à Yaoundé de l'aider à accompagner sa petite sœur en mariage en lui fournissant habits, matériel culinaire et divers cadeaux, elle les emmena toutes au mariage. Au retour, elles réfléchissent ensemble sur l'importance de leur geste et décident de fonder une association pour citadines, filles d'Akonolinga.

L'association prend rapidement son essor, la migration venant de ces régions isolées du sud-est est très importante. Le tempérament décidé et entreprenant des femmes facilite l'initiative : depuis longtemps elles circulent et ont pris des responsabilités, loin du groupe familial. Le mouvement s'organise et se structure dès 1959. Il est mené selon un mode démocratique : les idées viennent de la base, sont discutées au niveau de la sous-section, puis remontent par la conseillère du quartier à la présidente qui convoque le comité directeur ; celui-ci délibère et prend les décisions en tenant compte des besoins exprimés à la base et de la conjoncture sociale et économique.

Dès le début, les *biabias* songent non seulement à se retrouver et s'entraider, mais aussi à s'initier mutuellement aux techniques et comportements nouveaux. En ville comme en zone rurale, elles cherchent à venir en aide aux familles « qui sont pauvres et qui ont besoin de secours à l'occasion d'un malheur ou d'une fête. » Des collectes entre les membres ont lieu, des tournées sont organisées dans les villages ; les bénévoles vont à la maternité s'occuper des familles qui vont accoucher et sont seules, etc. Pour les activités sociales qu'elles organisent et qui débordent le cadre de ses membres, cette association prépare une nouvelle étape de la cohésion féminine. Elle exprime la volonté des femmes de participer à la construction de la société urbaine en pleine croissance et en mutation permanente.

Les associations répondant à une grande attente des femmes ont tout de suite un grand succès. Leur importance est très variable. Des sections s'ouvrent dans diverses villes du centre et du sud lorsqu'une adhérente dynamique s'y installe. Le nombre de participantes de chaque sous-section, qui correspond à un quartier, s'élève entre vingt et trente les premières années. Si les activités sont suivies avec beaucoup d'irrégularité, elles attirent cependant de nombreuses femmes du quartier. Les réunions ont lieu le samedi après-midi et parfois un après-midi dans la semaine.

Dès 1956, les événements freinent le développement de la plupart des associations. Quelques-unes sont mises de côté et rentrent dans l'ombre à cette époque. D'autres doivent suspendre la plus grande partie de leurs activités entre 1958 et 1959.

Dans les associations, les groupes sont fortement structurés dès que le nombre des participantes dépasse la vingtaine. Présidente, vice-présidente, secrétaire, commissaire aux comptes, reprennent les titres de l'administration et se partagent les responsabilités. L'UFCS envoie en France quelques futures responsables pour compléter leur formation.

Parallèlement à une organisation moderniste, la participation et les modes d'action sont souvent de type traditionnel. L'association tend à former un groupe où se retrouvent les principales fonctions assurées jusqu'alors par la famille. À travers la divergence des évolutions, elle veut créer une fraternité : des femmes riches y participent aux côtés des plus pauvres, scolarisées comme analphabètes se partagent les responsabilités ; chacune aide de son argent, de ses connaissances, ou de son service les autres membres. L'entraide touche toute la vie : la naissance, le mariage, la maladie, la mort, la vie quotidienne. Toutes les adhérentes d'une même association se tutoient et s'appellent par leur prénom, c'est la règle. Des comportements se référant aux valeurs traditionnelles sont communs à tout le groupe et sont obligatoires, sous peine d'expulsion. La façon de dire bonjour à la responsable, de lui parler, de se comporter dans son foyer et dans le quartier est soumise à une sévère surveillance de la part des autres membres et à une critique mutuelle.

Les femmes béti trouvent au sein de ces associations, une communauté de substitution et le cadre d'une nouvelle socialisation qui facilite leur intégration à la vie urbaine.

Madeleine Mbono Samba Azang (1925-2013)

Madeleine Azang, née en 1925, est une pionnière camerounaise dans les domaines de l'éducation, de la politique et de la lutte pour l'émancipation des femmes. Originaire de Mezesse, dans le Sud-Cameroun, elle est la fille de Frédéric Medjo M'Azang, chef de village. Elle entame sa scolarité en 1931 et passe par plusieurs écoles à Ebolowa, Douala et Yaoundé avant d'obtenir son certificat d'études primaires élémentaires (CEPE). En 1947, elle est diplômée de l'École Normale de l'Afrique-Occidentale Française (AOF) et devient institutrice. Elle est également la première Camerounaise à obtenir le baccalauréat.

Titulaire d'un doctorat en géographie, elle devient enseignante et directrice d'école, avant de jouer un rôle clé dans l'organisation des femmes en milieu urbain au Cameroun. En 1952, elle fonde à Yaoundé la Jeunesse féminine camerounaise (JFC), une des premières organisations visant à sensibiliser les femmes sur leurs droits et leur rôle dans la société. Elle milite pour une société où les femmes ne sont plus considérées comme la propriété des hommes.

Madeleine Azang s'engage aussi en politique. Elle est députée à l'Assemblée nationale du Cameroun de 1983 à 1997 et participe à la Commission *ad hoc* chargée de l'examen de la première version de la Constitution camerounaise. Son engagement en faveur de l'éducation et des droits des femmes lui vaut une reconnaissance nationale.

1er janvier 1960	février 1960
Indépendance du Cameroun	Adoption de la Constitution du Cameroun

1961	1961	avril 1960
Création du CNFC, chargé de superviser les associations et de guider leur évolution	Création de la JACF qui organise en zone rurale des sessions de formation pour les femmes	Julienne Keutcha devient la première camerounaise élue députée

1er octobre 1961	1963
Réunification avec le Cameroun britannique. La République du Cameroun devient la République fédérale du Cameroun	Le gouvernement lance l'Animation rurale

1er septembre 1965	1963
L'Union camerounaise, devenue UNC, est décrétée parti unique	Neuf femmes sont conseillères municipales. Les femmes participent à l'édification nationale

1966	avril 1966	juin 1966
Le Service social créé par le gouvernement est partagé en plusieurs bureaux	Le congrès de l'UNC annonce la dissolution de toutes les associations féminines	Le CNFC disparaît, remplacé par la branche féminine de l'UNC

CHAPITRE IV
1960-1966
PARTICIPER AU POUVOIR, ORIENTER LA SOCIÉTÉ

« J'ai peur de mon mari, parce qu'il est mon supérieur. Mais il ne me bat pas. Il est bon pour moi. Il a mis toute sa confiance en moi. Depuis son mariage, il n'a jamais eu l'intention de prendre une autre femme. Il me confie tout son argent, même celui de l'impôt. Je suis sa compagne et sa conseillère. Nous n'avons jamais eu de problèmes. Nous parlons de tout et prenons ensemble nos décisions »

Témoignage en 1963 de la femme du chef du village d'Ekombitié, une Bane de 50 ans qui a élevé sept enfants

TRANSFORMATION D'UN CAMEROUN EN QUÊTE D'UNE NOUVELLE IDENTITÉ

Le Cameroun prend son indépendance

Premier janvier 1960, trois jours de fête à Yaoundé. Des délégations ethniques venues de tout le pays pour participer aux fêtes de l'indépendance défilent en costume traditionnel, tandis qu'à Douala, les Bassa fêtent Ruben Um Nyobé, le « père de l'indépendance » ; pour eux, il n'est pas mort, « il reviendra parmi nous » chantent-ils.

L'indépendance exige un changement total pour les contestataires ; les tensions internes se poursuivent. En pays bamiléké, le maquis entretient un climat de terreur. Les boucs émissaires ne sont plus seulement les chefs traditionnels et les Français, mais les hommes et le parti au pouvoir, l'autorité en général.

Cette période voit l'implantation, puis le réajustement de nombreuses institutions législatives (Haute Cour de justice), administratives (les provinces, les départements), sociales (Conseil économique et social) et économiques (Banque camerounaise de développement). La Constitution est votée en février 1960. Elle révèle les profondes divisions camerounaises. Si les régions du nord l'acceptent à l'unanimité, il n'en va pas toujours de même pour les régions du sud : des mots d'ordre conditionnent les électeurs mal informés de ce que signifie et contient la constitution. Le pouvoir législatif est confié à l'Assemblée nationale. En avril 1960, 100 députés sont élus, dont une femme, Julienne Keutcha. La même année, en mai, Ahmadou Ahidjo, seul candidat, est élu président. Il charge Charles Assalé, Premier ministre jusqu'en 1961, de former le premier gouvernement et confie des portefeuilles à des représentants de toutes les tendances politiques. Seule l'UPC refuse. Cette période connaît de fréquents changements ministériels. Le nombre des partis politiques (UC ; KNDP ; CUC ; PDC ; UPC ; USC ; MANC ; etc.) va se réduire, à partir de 1960, par le jeu de regroupements entre certains de ces partis.

En 1964, l'élection du président de la République révèle une forte proportion de contestataires de la politique, suivie par l'Union camerounaise. Devant la puissance de l'opposition des blocs, Ahmadou Ahidjo réélu décide de résorber, en les unifiant, tous les partis.

Évolution des frontières du Cameroun entre janvier 1960 et octobre 1961

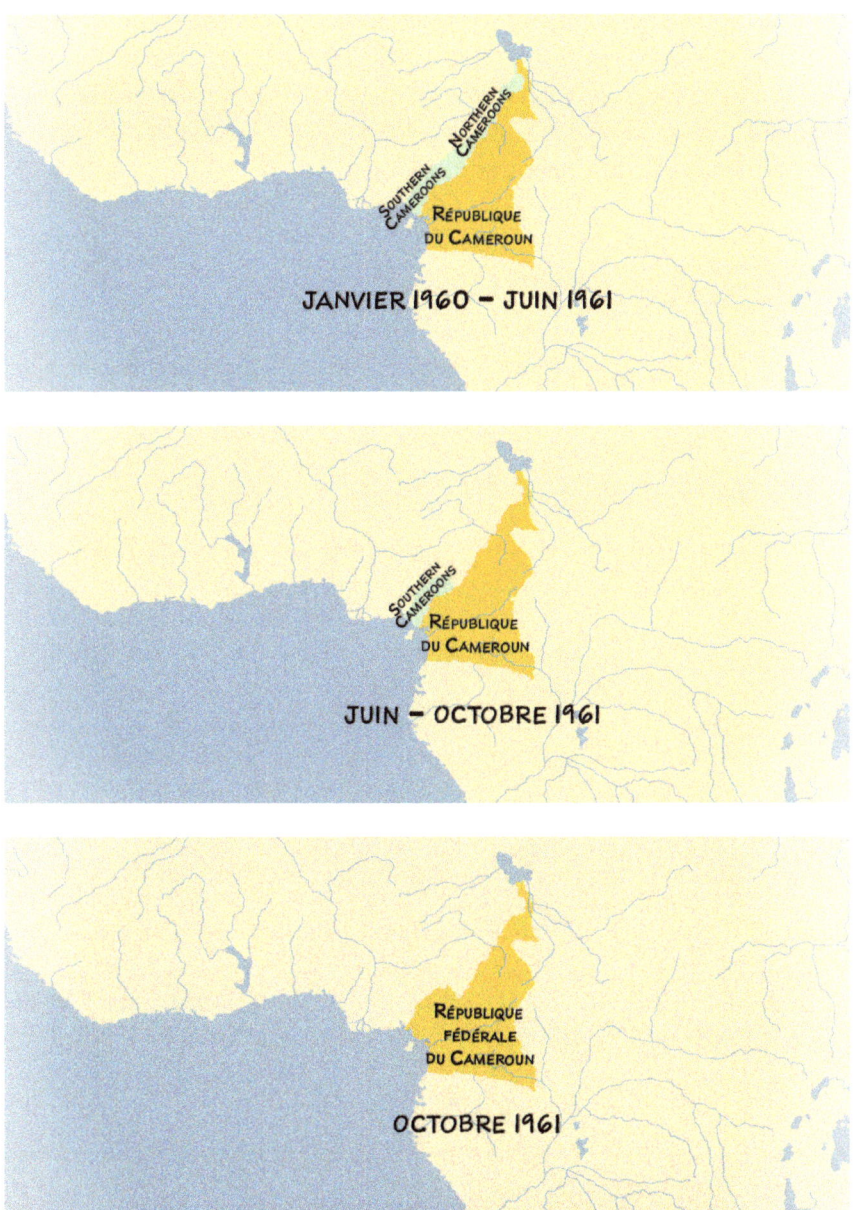

Le premier septembre 1965, l'Union camerounaise, devenue UNC, est décrétée parti unique : principal organe d'unification du Cameroun, il va être chargé d'orienter l'intérêt et l'effort des populations vers le développement. Les branches féminines des partis rentrent alors dans l'ombre. Faire de la politique ou même exprimer un avis concernant la politique est d'ailleurs suspect et dangereux depuis 1962. Seule la branche féminine de l'UNC poursuit ses activités. En ville, quelques-unes sont éducatives (enseignement de la dactylographie), mais la plupart ont pour but de servir le prestige de la structure politique en place.

Charles Assalé (1924-1988)

Né en 1924, Charles Assalé se distingue très tôt par son engagement envers les causes sociales et politiques et commence sa carrière dans le syndicalisme, s'engageant dans la lutte pour les droits des travailleurs et des opprimés.

En 1948, il rejoint l'UPC qui prônait l'indépendance totale du Cameroun, la fin de la colonisation et la mise en place d'un gouvernement autonome qui respecterait les droits des populations locales. Défenseur des droits des paysans et des travailleurs, il dénonce l'exploitation des Camerounais par le système colonial et plaide pour une réforme du système éducatif, afin de permettre aux Camerounais de prendre leur destin en main et de se préparer à l'autonomie politique. La répression des leaders de l'UPC s'intensifie à partir de 1955, et Charles Assalé doit se réfugier à plusieurs reprises dans des zones rurales ou à l'étranger. Malgré la répression, Charles Assalé reste une figure importante de l'opposition au régime colonial français. Il n'a jamais cessé de défendre les principes de l'UPC, et même après l'indépendance du Cameroun en 1960, il continue de militer pour la justice sociale et les droits des peuples camerounais.

Julienne Keutcha (1924-2000)

Julienne Keutcha, née en 1924 à Ngwatta dans la région de l'ouest du Cameroun, est une figure emblématique de la politique camerounaise.

Après des études en France, où elle obtient un diplôme d'un institut de beauté à Paris, Julienne Keutcha retourne au Cameroun et travaille comme puéricultrice. Elle épouse Jean Keutcha, qui deviendra plus tard ministre et ambassadeur. En 1960, lors des premières élections législatives du Cameroun oriental, Julienne Keutcha se présente sous la bannière de l'UNC, le parti du président Ahmadou Ahidjo. Elle est élue députée de la Ménoua, devenant ainsi la première femme à siéger à l'Assemblée législative du Cameroun oriental. Elle occupe ce poste jusqu'en 1965, puis siège à l'Assemblée nationale fédérale de 1962 à 1972. Durant son mandat parlementaire, elle est secrétaire du Bureau et membre de la Commission des affaires étrangères. Elle est également la seule femme membre du bureau de l'UNC à cette époque.

Julienne Keutcha meurt en 2000. Son parcours pionnier a ouvert la voie à une plus grande participation des femmes dans la vie politique camerounaise. Son engagement et sa détermination continuent d'inspirer les générations actuelles et futures de femmes leaders au Cameroun.

Nouvelle politique économique et participation des paysans

Dès 1961, le premier plan de développement met l'accent en région béti sur la production cacaoyère. Malgré la chute des cours dès 1963, elle alimente pour 50 % les revenus bruts des paysans. Prenant part aux travaux de récolte du cacao, les femmes continuent aussi à se charger des cultures vivrières. Un premier bilan en 1964 révèle que la croissance économique ne réalise toutefois pas la progression prévue en dépit des efforts réalisés dans le domaine. On constate même une stagnation de certaines productions agricoles.

Ignorance des méthodes de production, manque d'initiation, insuffisance de terre pour les jeunes ne sont pas seuls en cause : les systèmes coopératifs et de crédits ne fonctionnent pas toujours et sont disproportionnés avec les possibilités des paysans ; ils ne cherchent même pas à atteindre les familles. De plus, les planteurs se méfient des coopératives d'État et préfèrent vendre moins cher leur cacao à des grossistes. Enfin, les moyens de communication, encore majoritairement de simples pistes, sont très déficients et les circuits commerciaux rarement organisés. Les prix des produits commercialisés varient continuellement. Manque d'incitation à produire plus, mais aussi manque de participation des ruraux aux décisions qui les concernent, sont également les causes de cette absence générale de dynamisme.

Aussi le gouvernement décide-t-il de lancer en 1963 l'Animation rurale. Initiation des paysans, aménagement des structures indispensables avec par exemple la création de coopératives, de marchés et de systèmes de crédit, sont les objectifs que se fixe alors la direction de l'Animation rurale. L'effort se porte essentiellement sur la production cacaoyère, l'aviculture et la mise en place de systèmes coopératifs. Seul un quart environ des villages sont touchés par cette animation. En définitive, les résultats restent faibles sur l'ensemble de cette zone pilote. Aussi, en 1966, en même temps que se prépare le deuxième Plan du Cameroun, l'Animation rurale décide-t-elle d'améliorer et d'étendre les systèmes de crédit et de coopération et de susciter plus d'initiative et de responsabilité chez les ruraux. Une expérience de développement intégré par zones homogènes est alors lancée : deux ou trois ZAPI[30] essaient de faire converger, par une prise en charge paysanne, croissance économique et évolution sociale.

Le président Ahidjo en juillet 1966 annonce sa volonté de développer en priorité l'agriculture ; il incite les citadins inactifs à retourner à la terre. Après trois ans d'activité, le bilan de l'Animation a semblé décevant pour les Camerounais. Pour les femmes comme pour les hommes, l'Animation semble venir en contradiction avec tout ce qui leur a été promis avant l'indépendance.

« Où est l'indépendance ? », dit une femme eton. « Avant 1958, les Européens nous apportaient des remèdes, soignaient nos bébés jusqu'au

---

30 Zone d'action prioritaire intégrée.

Alphabétisation des femmes à Yaoundé en 1963

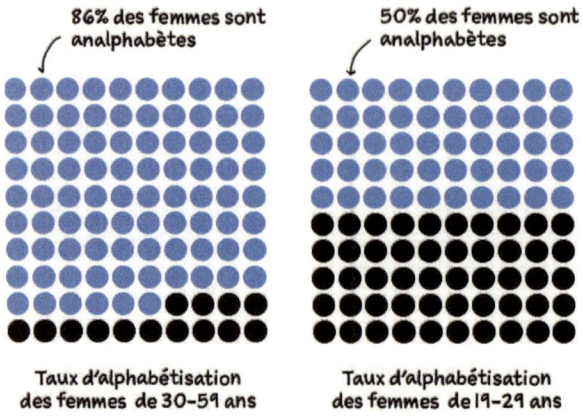

À Yaoundé, si 80% des filles de moins de 15 ans étaient en 1963 en cours de scolarisation, 44% des jeunes filles de 15 à 17 ans étaient scolarisées, taux qui tombait à 10% entre 18 et 19 ans. Par contre en zone rurale, seules 36% des filles de 15 à 17 ans étaient scolarisées, les classes d'âges plus élevées (au-delà de 21 ans) étaient analphabètes.

village, pulvérisaient nos cases contre les moustiques, entretenaient nos routes. Des hommes sont venus nous dire qu'après leur départ nous aurions la richesse des Blancs et plus besoin de travailler. Or l'effort à donner maintenant est beaucoup plus grand. »

Malgré les améliorations, le développement du village est souvent freiné par la façon dont les hommes utilisent leurs revenus ; en effet, ils en consacrent la plus grande partie à des dépenses de prestige tandis que les femmes cherchent à mieux satisfaire les besoins immédiats de la famille : alimentation, vêtements, scolarité et soins des enfants.

Le développement social et culturel

L'effort de développement n'est pas seulement orienté vers l'économie : l'enseignement et la santé publique sont également considérés par le président Ahidjo comme des conditions prioritaires d'évolution. Entre 1960 et 1964-65, les effectifs scolarisés doublent presque dans le centre-sud.

L'évolution est particulièrement frappante chez les filles, dont beaucoup de pères avaient refusé jusqu'en 1958 qu'elles fréquentent l'école. L'enseignement privé, à Yaoundé comme en région rurale béti, est beaucoup plus important que l'enseignement officiel. Les églises catholique et protestante en sont les principaux instruments. Dès 1963, le Cameroun figure déjà parmi les pays africains où la scolarisation est la plus poussée. Mais ces efforts ne vont pas sans poser de graves problèmes pour le développement des villages et l'équilibre social et économique des centres urbains, spécialement à Yaoundé. En effet, la concentration à Yaoundé des écoles techniques, du lycée et des CEG attire une population jeune très importante, introduisant un déséquilibre démographique qui défavorise les zones rurales, où seulement 20 % des enfants accèdent au secondaire. De plus, l'enseignement primaire et secondaire inadapté prépare les jeunes à ne voir leur avenir professionnel qu'en ville. Les conditions de vie au village, les maigres revenus de la vente des produits vivriers pour les filles, et le refus par les anciens de céder des parcelles de terre aux adolescents et jeunes hommes pour des cultures durables accélèrent encore l'exode des jeunes vers Douala et Yaoundé.

Dans le domaine médical, de nombreux dispensaires et quelques hôpitaux sont ouverts pendant cette période, spécialement par les missions chrétiennes. En 1963, l'implantation médicale au Cameroun est parmi les plus importantes d'Afrique[31]. Cependant, depuis 1956-57, date des grands troubles, on observe une recrudescence du paludisme dans les grands centres, causée par le manque d'hygiène. Les parasitoses intestinales sont très nombreuses chez les enfants comme chez les adultes, et les maladies vénériennes ne cessent d'augmenter. Ce mal, accéléré par la prostitution, aggrave en partie la situation. À Yaoundé et à Mbalmayo, les filles qui ont perdu un enfant des suites de ces maladies hésitent à partir en mariage, car elles savent que leur stérilité les conduirait au renvoi de chez leur mari. Les limites de l'action sanitaire conduisent le ministère de la Santé à créer un Service social chargé de l'information et de l'éducation des malades ou de leurs familles et du secours aux indigents. Leur action, réduite les premières années, se développe à partir de 1966.

---

31 On compte 10 000 lits d'hôpitaux (soit 1 pour 396 personnes), 137 médecins (dont 54 pour le centre-sud, et 30 dans les missions), 20 sages-femmes, de nombreuses matrones formées par les médecins et 13 000 infirmiers et infirmières.

Scolarisation du Centre-Sud entre 1960 et 1965

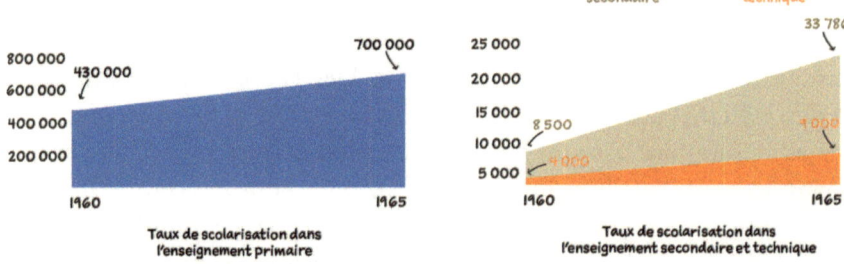

Entre 1960 et 1964-65, les effectifs scolarisés doublent presque dans le Centre-Sud.
L'évolution est particulièrement frappante chez les filles, dont beaucoup de pères avaient refusé jusqu'en 1958 qu'elles fréquentent l'école. Une université fédérale est créée à Yaoundé pendant cette période et compte, en 1966, 1 150 étudiants.
Dans le Nyong et Sanaga, 52 806 enfants, dont 24 784 filles, fréquentent les écoles primaires catholiques en 1962-63.

Des bureaux se partagent les différents secteurs d'activité : Aide Sociale à la famille, Prévention sociale pour les prédélinquants et les inadaptés, Éducation populaire et Éducation sanitaire avec des aides-soignantes et des auxiliaires sociales formées à cet effet et la diffusion d'émissions radio. À Yaoundé, cinq centres sociaux ont en 1966 une triple action : secours aux cas les plus urgents, jardin d'enfants et enseignement ménager.

Le déséquilibre social s'accentue

La migration croissante vers les villes vide les villages de leur population la plus dynamique. Malgré les appels du président Ahidjo, ce mouvement irréversible semble bien compromettre le développement agricole et la vie sociale des zones les plus atteintes, comme l'atteste la situation de la région d'Essé, chez les Mvélé. Les nombreux ruraux attirés par les villes provoquent une croissance désordonnée de ces dernières avec un fort pourcentage de jeunes de moins de 18 ans et d'adultes sans emploi.

Sur le plan social, de nombreuses distorsions apparaissent également. Les changements en général mal dominés par les ruraux et les tensions que les institutions traditionnelles ne maîtrisent plus ont souvent provoqué une réelle déstructuration villageoise. Le besoin de produire plus, engendrant un plus grand besoin de terre, amène de nombreux palabres de terrains et augmente les mésententes entre les familles et entre les générations. Les novateurs soucieux d'améliorer leurs techniques et leur niveau de vie sont vivement combattus. L'émergence d'innovations est une atteinte à l'équilibre général, d'autant plus grande que les moyens traditionnels destinés à maîtriser toute tentative de domination ont disparu. Aussi les jeunes choisissent-ils souvent de quitter le village. C'est un cercle vicieux : les vieux refusent tout changement dans leurs coutumes, décourageant les novateurs qui, accusant l'échec par leur départ, participent également à la dégradation sociale.

Pour ceux qui arrivent du village, hommes et femmes, jeunes écoliers et adolescents, le passage d'une vie familiale et de type communautaire à l'hétérogénéité du milieu urbain, à l'individualisme et à l'isolement dans des quartiers à forte densité démographique, provoque un grand désarroi. La vie conjugale et l'éducation des enfants en subissent profondément les conséquences. Le clivage croît entre les générations, à mesure que grandissent les divergences d'évolution entre les parents et leurs enfants. Plus le niveau culturel et l'adoption de comportements modernistes les différencient, plus les enfants prennent des distances par rapport aux lois familiales, et plus les parents désemparés abandonnent un rôle qu'ils ne savent plus comment jouer. L'école, le cinéma, le football, les camarades du quartier sont les cadres de cette initiation à laquelle s'affrontent très jeunes les enfants et dont les résultats désarment les mères beaucoup moins informées.

L'abandon éducationnel et moral de nombreux parents semble être un des facteurs déterminants dans la recherche par les enfants d'une communauté de substitution. À Yaoundé, en 1963-64, des bandes de jeunes garçons de six à dix ans, d'autres de onze à quatorze ans, parcourent la ville, errant d'un quartier à l'autre, vivant de vols, de menus travaux auprès des commerçants et passent leur après-midi au cinéma. À Messa I et II, nombreux sont les jeunes garçons qui disparaissent huit jours de chez leurs parents ou de chez leur protecteur pour rejoindre une bande. Les filles, livrées également à elles-mêmes, commencent assez jeunes à faire partie de bandes mixtes. Vivant souvent chez un protecteur, vague parent, qui les utilise pour de nombreux travaux ménagers, elles cherchent pour s'en évader, une insertion dans le monde des jeunes. Nombreuses sont celles dont le père n'a pu continuer à payer les études, mais qui sont cependant restées à Yaoundé sans aucune ressource. Vers

TÉMOIGNAGES

Le besoin de produire plus, engendrant un plus grand besoin de terre, amène de nombreux palabres de terrains et augmente les mésententes entre les familles et entre les générations :

« On se dispute souvent entre clans, au sujet de la terre », raconte un Manguisa. « Finalement, cela finit par un meurtre ».

« Autrefois, nos pères s'aimaient », explique une Bane d'Ekombitié. « Maintenant, il n'y a plus d'entente dans le village : il y a de la haine. Les hommes sont jaloux les uns des autres. Si une femme a une meilleure récolte qu'une autre, les hommes empêchent leurs femmes de travailler ensemble. »

« Il y a désunion entre les villageois. Impossible de s'unir pour faire quelque chose maintenant », racontent des hommes de Nkoudandeng. « Il y en a toujours un dans le groupe qui vole les autres ou les trompe. On ne peut avoir confiance en personne ».

Si les anciens refusent de confier des terres à leurs fils ou de leur donner une part des revenus, les jeunes ne respectent plus les vieux et s'organisent hors d'eux. Les tensions croissent entre les générations :

« Les jeunes empiètent continuellement sur l'autorité des vieux, de ceux qui commandent. Ils nous affrontent atrocement », s'exprime ainsi le vieux chef de village de Mveng-Menguémé en 1963.

« Il est difficile de proposer une idée nouvelle au village », explique un jeune planteur manguisa. « Les vieilles jalousies entre familles empêchent toute entente. Celui qui propose une idée ou une action collective est jalousé. "Tu te prends pour un Blanc", dit-on. Si un jeune se rebiffe devant le conseil des anciens, tous les jeunes autour de lui le préviennent : "Tu es fou ; tu ne veux pas obéir à un ancien qui a de l'expérience. Tu seras maudit". »

Certains maris désirant garder leur femme au village doivent accepter leur volonté d'émancipation :

« Comme je refuse mon mari, il me laisse faire ce que je veux. Je vais régulièrement chez mon neveu. J'ai eu des enfants avec trois hommes différents », dit une Mvélé, de vingt-cinq ans, ayant une responsabilité dans son village.

« Je pousse mon mari à prendre d'autres épouses, pour être plus libre et pouvoir m'absenter de chez lui », dit une Mvélé de vingt-huit ans, du même village.

L'insuffisance des revenus au village pour satisfaire les besoins de modernité provoque également le départ de nombreuses jeunes filles :

« Notre vie au village n'est pas bonne », explique un groupe de jeunes filles de Bikué, de seize à vingt-trois ans. « Quand nous cassons des palmistes pour les vendre au marché, on nous donne le quart du prix et les autres produits se vendent mal ou pas du tout. En jeune fille d'aujourd'hui, nous n'osons plus marcher nues. Cela entraîne la mauvaise vie. Alors nos frères nous maltraitent, mais ils ne nous donnent rien à manger. Ils ne veulent pas que nous donnions le mauvais exemple à leurs femmes et nous disent de nous éloigner de la famille pour aller avec nos amis et avoir ainsi de l'argent ».

« Finalement, la grande pauvreté nous fait partir en ville. Nous allons habiter chez notre frère pour qu'il nous vêtisse. Mais si nous sommes plusieurs sœurs du village, il ne peut toujours nous garder. Alors nous allons sur les chemins pour chercher auprès des passants des habits. Nous cherchons aussi du travail, mais personne ne veut de nous ».

Le refus d'épouser un paysan pauvre favorise aussi l'émigration des jeunes rurales :

« Beaucoup d'hommes des environs nous demandent en mariage. Mais ils ne nous plaisent pas. Ils sont pauvres et ne pourraient bâtir une maison et nous faire vivre. Ou bien ils ont un mauvais caractère et sont ivrognes. Ils insultent tout le monde dans le village, leur femme et leurs parents. Ils font la bagarre et battent leur femme, même au marché devant tout le monde, allant jusqu'à déchirer sa robe, ce que nous ne pourrions supporter.

Certains hommes meurent célibataires parce qu'ils sont très pauvres (ils ne peuvent payer de dot). Et beaucoup de filles ne se marient pas ».

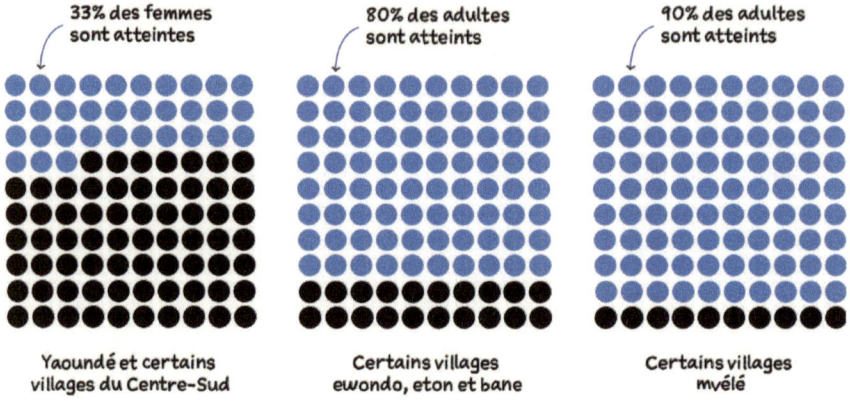

En ville, les filles sont atteintes dès leurs premières relations, c'est-à-dire entre douze et quinze ans. Les gonococcies non ou mal traitées entraînent des salpingites chroniques, principales causes de nombreuses stérilités.

seize ans, beaucoup se tournent, pour résoudre momentanément le problème, vers l'union temporaire ou la prostitution (9 %). Comme tous les jeunes citadins, leurs lieux privilégiés d'initiation pour devenir « évoluées » sont les bars et le cinéma.

L'évolution économique et sociale, la croissance des relations ville-brousse, l'influence indirecte de la ville, ou la transplantation en milieu urbain n'a pas toujours suscité l'abandon des systèmes de pensée et de vie propres aux Béti. Dans de nombreux villages, la vie sociale traditionnelle semble encore puissante. Toutefois, des idées nouvelles pénètrent tous les comportements. Deux modèles de références apparaissent ainsi en chaque attitude, introduisant constamment l'ambiguïté dans la vie sociale. Le mariage en donne un exemple : tandis que pour son mariage coutumier le fiancé fournit, en plus de la dot, des biens qui donnent lieu à des contre-dons de la part de la famille de la femme, lors de son mariage civil et religieux, il est chargé – sans contrepartie – de la plupart des frais dont l'objet (costumes, chaussures, liqueurs, peaux, marmites et repas des noces) est sujet à évolution. Le coût élevé de ces dons l'oblige à reculer de plusieurs années son deuxième mariage et même, pour certains, à y renoncer. La justice, organisée selon le mode occidental, se rend également selon le mode traditionnel. Les palabres de familles au sujet de la terre, des femmes, de la mort, de la maladie, le rapt d'une femme ou sa fuite, les mésententes entre conjoints sont autant de sujets traités en première instance entre les membres du *nda-bôt* ou du *mvog*. Lorsque le palabre n'a pu se régler en famille, il est porté devant le conseil du village, puis devant le tribunal civil.

En ville, comme au village, devant l'ambiguïté d'une double attitude, les Béti optent souvent pour celle qu'ils ont culturellement intégrée. La confiance donnée aux devins-magiciens et aux guérisseurs est encore plus grande que celle donnée aux médecins, aux infirmiers et aux sages-femmes. À Yaoundé en 1963, 85 guérisseurs-devins sont consultés pour toutes sortes de décisions médicales, sociales, politiques et économiques. En zone rurale, le rayonnement de certains guérisseurs s'étend parfois jusqu'aux limites des terres occupées par une ethnie. En général, le changement est encore extérieur à la vie des paysans et ne leur donne aucune sécurité ; d'où leur fidélité, ou leur retour aux croyances traditionnelles, et leur recherche de syncrétisme. On constate ainsi qu'un clivage se développe au sein de la personne. Il se manifeste spécialement chez les artisans, les instituteurs ruraux et les animateurs – hommes et femmes – de groupes à but économique, social ou religieux. Plus encore que ceux qui rejettent le changement, les novateurs sont partagés entre deux systèmes, deux modes d'être et d'agir : entre la technique et leurs croyances, entre le monde visible et le monde spirituel. Ils connaissent souvent un réel désarroi. Dans le domaine des techniques agricoles, les comportements modernes sont également liés aux attitudes traditionnelles. Pour les Béti, la technique n'est pas efficace par elle-même. Quelles que soient les pratiques culturales, elles ne produisent des effets que si elles sont animées par le sacré. Les ruraux en sont tous convaincus, même les modernistes. En région mvélé en 1963, les jacistes, comme les autres ruraux font des rituels ou tracent des signes à fonction sacrée sur le sol, au moment de la préparation des terrains, des semailles et des récoltes.

L'évolution des conditions de vie et de l'économie, ainsi que le développement de la scolarisation, ne sont pas uniquement déstructurantes pour l'équilibre social traditionnel. Le milieu urbain déséquilibré par sa croissance désordonnée est aussi le lieu où s'épanouit le renouveau. Lieu d'ouverture et d'initiation à des idées et des comportements diversifiés et novateurs, Yaoundé est le creuset où des groupes sociaux nouveaux permettent à chacun de forger sa personnalité. Des catégories sociales se dessinent : le niveau culturel, la catégorie professionnelle et le niveau de vie les déterminent. Les différents quartiers de Yaoundé reflètent ces divisions sociales. Tandis que des Béti formés professionnellement ont détenu jusqu'en 1958-60 les emplois les plus en vue et des postes dans l'administration, façonnant de ce fait même le visage de la capitale, depuis l'indépendance, de nombreux ruraux venus de tout le Cameroun ont diversifié les caractéristiques de la ville. Après les Béti qui représentent en 1962 66 % de la population urbaine de Yaoundé[32], les Bamiléké sont ceux dont le nombre et l'influence sont les plus prépondérants. Ils représentent 21,2 % de la population. Leur dynamisme les a rapidement incités à prendre en main le commerce et l'artisanat, à adapter leur vie sociale et économique interne à la situation actuelle.

Un dynamisme nouveau des cultes traditionnels

Il semble que l'indépendance ait fait naître chez les Béti un besoin de retour aux sources traditionnelles : la pratique des cultes ancestraux s'impose parfois comme un facteur de prestige social dans les villages encore solidement structurés où la culture locale est encore enracinée. Dans les régions où la population a augmenté ses liens de solidarité face à un chef tyrannique, ou face à une ethnie dominante, comme chez les Eton, les Manguisa et les Mvélé, la religion des ancêtres, quoique déformée, a conservé son importance et son poids pour les jeunes générations. Elle se situe face à la mission catholique comme un corps de doctrine. Ses prêtres et ses prêtresses, ses devins et ses féticheurs – hommes et femmes – ont une grande autorité sur le village, parfois sur toute une zone. L'exemple d'un accident survenu à un prêtre catholique européen, chez les Manguisa vers 1961, en tombant de l'échafaudage d'une chapelle qu'il était en train de construire illustre la primauté que les Béti accordent au *nnam* (la coutume). Une femme de la région, venue le voir à l'hôpital, lui confie : « chez nous, on dit que tu t'es cassé la jambe parce que tu as construit l'église sur une terre interdite. C'était le lieu des sacrifices. Tu n'as pas voulu écouter les anciens. Ton orgueil a été puni ».

---

[32] Population totale de Yaoundé en 1963 : 86 872.

Décisions selon les croyances traditionnelles, interdits scrupuleusement respectés concernant le temps de la grossesse puis de l'accouchement et rituels conduisent encore la vie familiale dans les événements les plus graves : enfantement, maladie, mariage, mort. Le recours aux ordalies, aux poisons d'épreuve, aux envoûtements, aux jeux du hasard (*abbia*) peut-être moins combattus qu'autrefois, est couramment pratiqué, et le commerce des fétiches s'organise publiquement. La croyance aux mauvais sorts, à la malédiction (*akyae*) jetée par un ennemi, est toujours aussi vivace. Le syncrétisme religieux et des activités occultes nouvelles se développent également.

Dans de nombreuses zones béti, le catholicisme est toléré, mais n'en rencontre pas moins l'opposition ouverte d'une partie de la population : les notables et spécialement les jeunes. Ce peuple ouvert, qui a accueilli depuis de longues décennies des idées nouvelles, s'inquiète de leur influence sur la pérennité de ses structures et de ses coutumes. Les hommes disent que la religion pervertit les femmes, et les parents que l'école et le catéchisme empêchent les filles de se marier. Le conflit éclate parfois entre les prêtres des deux religions. Les populations observent avec attention l'affrontement pour se tourner vers celui qui aura fait la preuve de sa supériorité par sa force. La résurgence des pratiques coutumières est également observée chez les jeunes, bien qu'ils aient rejeté une partie du système ancestral. Leur attitude et celle de leurs pères entraînent une régression du nombre des adeptes aux religions importées. Le catholicisme est lui-même très atteint par cette tendance : les catéchumènes sont des personnes âgées et des enfants. Le nombre des mariages chrétiens décroît chaque année par rapport au nombre des chrétiens. La fréquentation religieuse des hommes baisse d'année en année, leur attitude étant caractérisée par l'apathie, l'indifférence, parfois même la critique ouverte vis-à-vis des prêtres et de la religion catholique.

À Yaoundé, les religions chrétiennes semblent acceptées des citadins comme un fait naturel, assimilé à toute l'évolution de la société. On ne discute plus le fait catholique, même si l'on n'est pas pratiquant. Comme au village, quand ils parlent de l'animisme, les Ewondo disent de la religion catholique : « *angan dan* », « notre fétiche ». Elle est devenue un fait sociologique. Mais on constate dans des groupes où l'implantation chrétienne est très marquée, une dégradation de la foi. En effet, la prise de conscience politique liée à l'influence laïciste des militants et administrateurs français a considérablement modifié l'attitude des citadins vis-à-vis de la religion catholique. La pratique religieuse des hommes, et spécialement des jeunes, a beaucoup baissé. De la même façon, l'élite intellectuelle semble rejeter les croyances ancestrales, dont les jeunes parlent comme d'un carcan imposé par les anciens, à l'avantage de ces derniers. Le refus de s'engager dans des mouvements confessionnels semble déterminé par cette influence, en même temps que par l'individualisme né d'une volonté croissante de promotion personnelle. Toutefois, l'appartenance à une religion chrétienne est fortement valorisée, comme signe d'évolution ; c'est la raison pour laquelle 91 % des Béti résidant à Yaoundé se disent catholiques.

Devant cette situation, catholiques comme protestants essaient d'adapter la liturgie et les mouvements de jeunes et d'adultes à la culture locale, de donner à ses adeptes une mentalité et une formation de militants ; en zone rurale comme en milieu urbain, elle veut aider chacun à conduire son devenir, à s'engager dans la construction et l'évolution de son village ou de sa ville, et de son pays.

TIRAILLEMENT ENTRE VISION TRADITIONNELLE ET MODERNE DE LA CONDITION FÉMININE

ÉMANCIPATION FÉMININE ET REJET DU MODE DE VIE TRADITIONNEL

Prises entre deux systèmes, souvent opposés, les femmes béti sont en 1966 dans une situation essentiellement ambiguë. Dans cette fragile société agraire, où les récoltes signent la survie du groupe, la femme chargée des cultures vivrières reste le principal agent de la vie et de l'extension de la famille. Les générations nouvelles, condition de pérennité pour ce groupe de faible dimension, donnent également à la femme un rôle essentiel. C'est pourquoi elle est avant tout chargée de produire (*veban*). C'est son critère d'évaluation le plus important.

Dans beaucoup de tribus béti, le père exige de sa fille qu'elle lui laisse des enfants avant de partir en mariage. Ils la remplaceront après son départ dans le clan, donnant ainsi plus de chance au groupe de ne pas s'éteindre. Le père y gagne en prestige et la mère est assurée d'avoir des cadeaux.

L'adolescente qui veut s'y soustraire est traitée d'ingrate, d'*asum* (traîtresse au clan). En 1963, il n'est pas rare chez les Ewondo, les Eton et les Manguisa que le père enferme sa fille récalcitrante avec le partenaire qu'il a choisi. Elle subit sans cesse les moqueries et les pièges de son père, de ses frères, de ses oncles paternels et de tous ceux qui ont des droits sur elle. La plupart ne résistent pas à une telle pression.

Les écolières et celles qui font des études primaires, secondaires, techniques ou supérieures évitent d'attendre un enfant, car ce serait signer l'arrêt de leurs études. Elles utilisent contrairement à leurs sœurs des méthodes anciennes et modernes de contraception. Nombreuses sont cependant celles qui attendent un enfant avant la fin de leurs études, spécialement entre la fin du primaire et la cinquième secondaire, âge où les filles sont le plus vulnérables.

Les villageoises qui « ont connu la ville » (Yaoundé, Nanga, Ebogo, Akonolinga) ne reviennent chez leurs parents que pour y distribuer et y dépenser l'argent gagné par leur travail ou le commerce de leurs charmes. Elles refusent souvent de travailler aux champs avec leur mère. C'est seulement quelques années plus tard, lorsqu'elles reviennent s'installer au village avec un ou deux enfants, qu'elles reprennent des activités agricoles pour subvenir à leurs nouveaux besoins. Mais elles rejettent l'idée d'épouser un villageois pauvre ; elles préfèrent attendre plusieurs années les offres d'un riche polygame ou d'un citadin de passage. Toutes celles qui ne sont pas encore parties en ville aspirent toutes à goûter cette expérience. La situation la plus cruciale semble être celle des Mvélé de la région d'Esse où l'on ne trouve presque plus de jeunes filles vivant au village ; toutes sont à Douala, à Yaoundé et à Akonolinga.

Cette fuite est due à plusieurs facteurs : le désir de liberté, l'insuffisance des revenus au village, le refus d'épouser un paysan pauvre et d'être exploitée par la parenté. Le désir de liberté chez les femmes béti n'a fait que croître avec le développement de leur formation, de leur rôle économique, et de leur ouverture au changement, avec la prise de conscience de leurs droits et de leurs nouvelles possibilités et le réseau toujours plus étendu des marchés vivriers et des moyens collectifs de transport. La crainte d'être exploitée par toute la parenté – père, mère, oncles paternels et frères – est également une des causes de la migration féminine vers les villes. En effet, un père peut échanger sa fille contre une dette ou encore la donner en mariage s'il a besoin de sa dot. Après le décès du père, ses droits sont reportés au frère. Chez les Mvélé, un frère peut faire tout ce qu'il veut de sa sœur, qui lui appartient.

Les riches fonctionnaires encouragent ce départ. Pendant les week-ends, au volant de leur belle voiture, ils viennent les chercher au village et proposent de grosses sommes d'argent pour les emmener. Les pères n'osent refuser leurs filles, craignant des représailles et regrettant de ne pas saisir une telle occasion. En ville, les adolescentes, accueillies par un parent hébergeur, sont également l'objet d'une exploitation de sa part. Venues pour poursuivre des études primaires ou secondaires, elles sont chargées de nombreux travaux ménagers et souvent astreintes à fournir des services sexuels à leur oncle.

L'émancipation féminine n'a pas seulement provoqué le rejet du mode traditionnel de vie, elle ouvre aussi les femmes au changement, les conduit à acquérir de nouvelles connaissances, suscite leur initiative et développe leur capacité d'organisation. Beaucoup de femmes béti ont pris conscience que leur société était en pleine mutation. Un pourcentage croissant de femmes souhaite voir évoluer leurs coutumes et ont un grand désir de promotion, à travers une meilleure connaissance des modes d'agir modernes. L'ouverture au changement est un facteur essentiel de la promotion féminine. De même qu'elles rejettent leur statut coutumier, de nombreuses femmes béti, mais non la majorité, sont intéressées par tout ce qui peut intervenir sur son renouvellement et celui de la société en général : idées, comportements et techniques étrangers à leur culture. Leur intense désir d'apprendre en témoigne autant que leur goût des voyages. Les participantes sont toujours nombreuses lorsque sont organisées dans un quartier de Yaoundé, de Mbalmayo, une initiation à la couture, ou des démonstrations d'hygiène et de puériculture.

Le sens du changement est plus fréquent chez les citadines que chez les rurales. Il est facilité par l'hétérogénéité du milieu urbain, la diversité des coutumes. Ils favorisent une prise de conscience qui, liée à la croissance des tensions conjugales et sociales, font naître chez de nombreuses femmes le désir de voir évoluer leurs conditions de vie, leur statut et les coutumes auxquelles elles sont assujetties. L'isolement des apprenties citadines dans un milieu qui leur est étranger autant que les difficultés de la vie en ville loin de la communauté villageoise provoquent chez les femmes béti le désir d'être initiées aux comportements urbains. Les adolescentes sont à l'affût de ce qui peut les faire paraître évoluées. En ville, les bars et les cinémas sont les lieux privilégiés de leur initiation aux comportements modernistes, de même que les voyages et les séjours dans différentes villes sont les facteurs essentiels de leur ouverture au changement : nombreuses sont les femmes qui, surmontant toutes les difficultés, ont beaucoup voyagé, les adolescentes qui ont été confiées à une parente habitant Douala ou Yaoundé. Leurs déplacements vers le marché, la mission, le dispensaire situé dans un village-centre ou dans une petite ville, ne font qu'aiguiser la curiosité des jeunes femmes béti.

Les qualités personnelles et l'acquisition de nouvelles connaissances sont pour la femme des facteurs de sa promotion et de son intégration sociale. On constate aujourd'hui que la formation et les qualités personnelles de la femme lui permettent à tout âge de s'intégrer beaucoup plus profondément dans la société et de lui accéder à des responsabilités dans la famille et dans le village. Ce fait est dû à l'évolution générale des Béti, mais aussi à l'intégration de chaque femme dans sa propre famille. Si l'alphabétisation, l'enseignement primaire ouvrent les filles et jeunes femmes à des concepts et des comportements nouveaux, l'initiation à l'hygiène, aux techniques ménagères et la réflexion sur le statut féminin, les problèmes familiaux et villageois, organisées par les écoles ménagères dans les missions par leur action dans les villages, ainsi que celles de la JACF et de l'ACF, sont des moyens actuels d'une meilleure intégration féminine.

Cependant, deux mouvements, par leur insertion villageoise et leur pédagogie, ont incontestablement l'influence la plus positive. L'apprentissage de la réflexion, de la décision, suscite un dynamisme non plus seulement féminin, mais conjugal, où l'entreprise est désormais réalisée par les deux époux ; l'influence de la femme sur son mari est alors grande. Des maris s'arrêtent de boire ou ne prennent pas de seconde épouse à la demande de leur femme. L'environnement a une grande part dans le retentissement que peut avoir au niveau du village la formation féminine. Isolée dans un milieu défavorable à la promotion féminine, la jeune femme scolarisée ne peut introduire aucun changement dans son comportement. Par contre, lorsque plusieurs d'entre elles sont scolarisées, s'intéressent aux travaux agricoles, réorganisent leurs occupations, et sont encouragées par leur mari, elles peuvent devenir les formatrices d'une situation générale villageoise. Jeunes filles et femmes mariées sont alors à l'origine d'initiatives dans le domaine économique et social, et deviennent des conseillères pour le village ; leurs connaissances nouvelles étant considérées comme une richesse qui, liée à la sagesse de leurs propos, peut servir efficacement la cause commune. En ville, l'alphabétisation des femmes a une grande incidence sur leur vie conjugale, l'éducation de leurs enfants et sur leur vie sociale. Cependant, l'alphabétisation des femmes en ville reste encore très limitée. Tandis que dans le milieu haut fonctionnaire, il n'est pas rare que des femmes au-dessous de 25-30 ans aient été scolarisées, dans les autres catégories socioprofessionnelles, le taux d'analphabétisme féminin est de 90 %. Mais le mari pousse parfois sa femme à se former et à aider les autres femmes dans le quartier. Apprendre aussi à compter, à calculer un prix est souhaité par des villageoises, telles celles de Nkolo (Manguisa). Se perfectionner dans les tâches ménagères et familiales, s'initier à la couture et à la coupe est un souhait que l'on rencontre chez quelques femmes.

En ville, comme au village, l'initiation se fait au sein de petits groupes spontanés ou organisés à d'autres fins. La fréquentation régulière de ces groupes à Yaoundé, comme celle du centre de formation féminine tenu par les Sœurs du Saint-Esprit, celle des centres sociaux et des groupes privés dans les différents quartiers, révèle combien l'aspiration féminine à une meilleure adaptation à la vie urbaine est chaque jour croissante. Elles recherchent par là une promotion sociale et économique et leur aspiration à trouver par tous les moyens des revenus leur permettant d'assurer leur sécurité matérielle et d'améliorer leur niveau de vie en atteste. Pour la plupart des adolescentes, préparer leur avenir en faisant des études, gagner leur vie et être élégantes semblent résumer leur volonté de promotion.

Si la formation féminine a un effet positif dans certains milieux, elle semble être un facteur de division sociale. Les femmes qui ont fait des études primaires, secondaires ou techniques méprisent en général leurs voisines analphabètes, autant qu'elles se méfient d'elles. Insérées dans un monde rural ou urbain en mutation, les femmes béti ressentent plus que jamais leur inadaptation par rapport aux changements auxquels elles assistent, sur le plan culturel, social et économique. Le milieu urbain aux modes de vie et aux cultures hétérogènes provoque en elles un dépaysement profond, leur méconnaissance des attitudes nouvelles (ménagères, conjugales, sociales) souhaitées par leur mari, ou attendues de leur entourage, contribue à augmenter leur désarroi et à provoquer des tensions au sein des foyers et des quartiers.

On peut constater que l'ouverture au changement n'est pas générale ; c'est surtout le cas des zones rurales où bien des villages éloignés des lieux de diffusion sont peu ouverts à d'autres manières de vivre et de travailler. Fort peu en contact avec l'extérieur, avec des modes d'agir différents de ceux pratiqués par leurs mères, les femmes ne sont pas incitées à remettre en cause leurs coutumes. Rien ne leur prouve qu'une évolution est nécessaire ou possible. De plus, bien des femmes se croient incapables de pratiquer une technique nouvelle ; enfin, la fatigue, le découragement devant une tâche déjà trop lourde, le manque de confiance en soi, la crainte de l'insécurité augmentent leur réticence devant l'adoption d'un mode nouveau d'être ou d'agir. Même lorsque le changement est souhaité, il reste très difficile à réaliser. L'enseignement primaire ne prépare pas les adolescentes à l'évolution du milieu rural ; au village, les filles ayant été à l'école n'ont presque rien appris pouvant améliorer concrètement leur situation présente. Elles ne savent pas mieux tenir la maison, soigner les enfants, organiser leur temps ou se présenter en public. Elles ont peur qu'on se moque d'elles. Comme leurs sœurs aînées, elles ont honte devant les hommes. Les garçons se moquent de leur mauvais français, les analphabètes et les vieilles femmes leur disent qu'elles « n'ont ni sagesse ni expérience, qu'elles ne savent pas juger ». Lorsque la femme est seule dans la famille de son mari à vouloir améliorer l'hygiène et l'alimentation le plus souvent son mari, peu sensibilisé, ne l'encourage pas.

Dans les villages les plus réfractaires à toute évolution, certains hommes défendent à leur épouse de s'unir avec d'autres femmes ou les empêchent d'aller à l'école d'adultes. La permanence du changement est difficile au village. Ainsi, l'hygiène est souvent freinée par le manque de temps ou le changement d'une cheftaine. Les problèmes économiques, sociaux et psychologiques, le manque de connaissances appropriées, interviennent également : le moniteur volontaire est fatigué de travailler gratuitement ; les candidats ne soutiennent pas leur effort ; une femme au village a fait de l'enseignement ménager ou a été à l'école et accepte de donner quelques conseils à ses voisines, mais refuse de leur apprendre complètement et gratuitement le français, la couture ou les soins aux enfants.

Les jeunes filles rencontrent comme leurs aînées de nombreux obstacles à leur promotion. Elles sont souvent pour leur parenté une source de revenus. Une enquête faite par la JOCF à Yaoundé entre janvier et mars 1965 montre que l'exploitation des adolescentes par leur parenté est plus importante encore en ville qu'au village. C'est en partie cette situation qui incite les jeunes filles à se réfugier dans une vie où toute contrainte est absente. Elles sont également exploitées par les moniteurs d'enseignement primaire et ensuite par les employeurs, lorsqu'elles cherchent du travail. En ville, comme au village, lorsqu'une fille atteint l'âge de la puberté et qu'elle poursuit des études, sa mère est continuellement inquiète, car sa fille risque chaque jour d'être enceinte par les œuvres du maître ou de quelque autre et d'être renvoyée de l'école tandis que les maîtres sont souvent les premiers à dénoncer la légèreté et l'indiscipline des filles et leur faible capacité à se fixer dans leur travail.

La scolarisation ou toute formation des filles est d'ailleurs peu encouragée par de nombreux parents et les éventuels époux qui craignent que ce milieu ouvert qu'est l'école et les idées transmises par toute formation externe au *nnam* développent le sens critique des filles. Les parents qui envoient actuellement leur fille à l'école le font parce que « c'est l'évolution. » En fait, ils n'aiment pas qu'elle aille en classe au-delà de quinze ans. Au village comme en ville, les femmes instruites sont l'objet de jalousie. Hommes et femmes disent qu'une femme qui enseigne aux autres se prend trop au sérieux : « elle se croit une Blanche, elle est orgueilleuse ». Celles qui en ville ont un emploi dans un secteur moderne, secrétariat, santé, enseignement, sont accusées de trahison vis-à-vis de la famille. On leur dit qu'elles sont parties pour ne plus cultiver la terre, pour rechercher de l'argent à leur seul profit.

Tandis que bien des jeunes femmes rejettent en 1963 leur statut coutumier, elles conservent de nombreuses attitudes traditionnelles. On pourrait dire que les femmes vivent « un passage » entre deux cultures, deux modes d'être et d'agir. Deux modèles de références influencent le plus souvent leurs comportements et les rôles qu'elles jouent. Contradictoires, ils coexistent cependant, comme coexistent chez la femme des aspirations, des statuts et des situations antagonistes. La femme stérile est, comme autrefois, « inutile pour la société » et son mari ne doit plus s'en occuper. Or on constate que des femmes sans enfant ont, dans la famille et dans le village, les mêmes responsabilités et la même influence que des mères ayant élevé de grands fils. D'un autre côté, tandis que les femmes multiplient les rites de fécondité et les visites au féticheur pour faire intervenir puissances, esprits ou ancêtres morts, on trouve en zone rurale des jeunes filles ayant séjourné en ville et qui utilisent des produits contraceptifs. Un nombre croissant de femmes viennent présenter leur nouveau-né au dispensaire, mais pour qu'il devienne robuste et vif, sa mère frottera dans l'eau de son bain des os de chimpanzé ou de gorille ; elle l'aspergera de poudre et d'herbes écrasées, après l'avoir posé sur une feuille de bananier, près du fumier. Les épouses, quel que soit leur âge, ont généralement peur de leur mari. Elles le révèrent comme un supérieur qui les a dotées, comme un chef auquel elles doivent se soumettre. Elles craignent de se faire battre lorsqu'elles lui ont désobéi et trouvent cela juste, puisqu'elles ont eu tort. Par contre, malgré la supériorité de leur mari, malgré sa brutalité, les femmes osent souvent lui signifier leur désaccord sur ses comportements et lui donner une idée nouvelle, même si cela le contrarie.

Les activités féminines au village semblent être à peu près les mêmes que celles de leurs aïeules, et cependant de nombreux changements ont été introduits, variant selon la formation de chacune, l'évolution villageoise et la proximité des moyens de diffusion. Les travaux agricoles occupent la plus grande partie des journées en saison humide. Ils sont remplacés deux fois par semaine pendant la saison sèche par de grandes parties de pêche qui réunissent presque toutes les femmes du village. En toutes saisons, le marché occupe aussi une journée par semaine.

L'évolution de l'économie et de la vie sociale n'a pas réduit le travail féminin. Au contraire, il s'est intensifié dans la mesure où les rurales ont augmenté leurs activités, les surfaces cultivées et diversifié leurs cultures. Elles ont en général développé leurs productions de maïs, de manioc, d'ignames et d'arachides et ont introduit l'oignon et la tomate. Quelques-unes ont monté avec leur mari un élevage de poules ou de porcs et beaucoup ont remplacé leurs volailles de petite race par des poules sélectionnées. L'élevage des chèvres et des moutons ne prend guère de temps, ils sont laissés en liberté. Cette augmentation des cultures et de

La JACF

La JACF (Jeunesse agricole catholique féminine) est une organisation féminine fondée dans les années 1950 au Cameroun dans le but de promouvoir l'agriculture, la formation et l'émancipation des femmes, en particulier celles issues des milieux ruraux. Inspirée par les principes de l'Église catholique, la JACF cherche à intégrer des valeurs chrétiennes dans ses actions et à offrir aux jeunes femmes un cadre pour s'épanouir tant sur le plan personnel que professionnel. La JACF vise à améliorer les conditions de vie des femmes par l'éducation et la formation en matière d'agriculture, de gestion domestique et de développement économique. Les femmes apprennent à cultiver des produits agricoles, à gérer des ressources et à devenir des agents de changement dans leurs communautés. La JACF a également été un moyen pour les femmes de participer activement à la vie sociale et politique du pays, notamment en les rendant plus conscientes de leurs droits et en les incitant à s'impliquer dans les enjeux sociétaux.

la production n'a pu être réalisée que lorsqu'une meilleure organisation a été mise en place : les femmes faisant ensemble leurs travaux agricoles par petits groupes de cinq à quinze. Cette entraide est rentable et durable lorsque le dynamisme villageois favorise l'entente collective et provoque le désir d'augmenter son niveau de vie. Les produits vivriers supplémentaires servent à mieux nourrir la famille et à mieux satisfaire par leur vente les besoins familiaux dont la femme a la charge : soins au dispensaire, vêtements, transports, pétrole, allumettes, sel, poisson séché, viande, etc.

L'organisation des travaux agricoles reflète en 1966 une évolution dans les relations homme/femme. Bien des jeunes époux dans les villages très dynamiques, comme Mékimébodo I et Nsen Menduga, aident leur femme à préparer les buttes d'ignames et d'arachides, et à semer leurs arachides, travail lié à la fécondité féminine et donc spécifiquement destiné aux femmes jusqu'alors. Le rôle économique des femmes de tout le centre-sud augmente incontestablement chaque année avec la croissance du marché des produits vivriers (maïs, arachide, banane plantain, canne à sucre, manioc, igname, macabo, taro, patate douce, riz, légumineuses à graines, piment, tomates, oignons, pommes de terre) et du petit élevage. Ce commerce représente 1 400 millions de francs CFA sur 8,2 millions de production commercialisée en 1963 pour les 60 000 tonnes de produits divers vendus sur le marché de Yaoundé, et 1,2 million de francs CFA par la vente sur les marchés des autres centres urbains – Obala et Mbalmayo spécialement – proches de Yaoundé[33].

---

33 Étude SONEDIC, « Approvisionnement de Yaoundé », 1963.

Mais les ressources tirées de la commercialisation des produits vivriers restent faibles sauf dans les zones proches des centres urbains et les villages situés autour des marchés-carrefours. La production elle aussi reste faible en regard de son potentiel et de la demande croissante. Cette limite de la croissance semble due à la mauvaise organisation des transports, à l'état des pistes dans les régions éloignées des villes, à l'insuffisante organisation du marché des vivres, à la variation des prix offerts. Dans la région d'Essé, les femmes ont abandonné en 1961-63 une partie de leurs champs, car elles n'arrivaient pas à vendre les excédents de leurs produits vivriers sur le marché de la ville.

Leur valeur personnelle et l'utilisation de leurs revenus augmentent aussi le rôle économique des femmes. On constate que les hommes confient une partie de l'argent reçu du cacao à leur épouse, lorsque par l'organisation de son travail, la sobriété de ses dépenses et de ses paroles, l'investissement de ses économies, elle donne confiance à son mari. Ces cas restent cependant rares.

La croissance rapide de Yaoundé, l'évolution du rapport homme/femme et le statut de la majorité des migrantes contribuent aussi à augmenter le rôle économique des femmes en zone urbaine. Le nombre total de femmes ayant à Yaoundé un emploi dans le secteur moderne reste faible : elles sont 1 129 en 1962. Cependant, le potentiel actif croît chaque année. Les étudiantes se préparant à une fonction très qualifiée sont de plus en plus nombreuses à Yaoundé : élèves du technique (secrétariat, commerce, santé) et étudiantes de l'École Normale et des Facultés. Elles représentaient en 1963 25 % des femmes de quinze à dix-neuf ans. Pourvues de diplômes, elles s'efforcent d'occuper un emploi en

L'ACF

L'ACF (Association des chrétiens français) est une organisation créée au Cameroun pour promouvoir l'éducation, l'entraide et le développement social au sein des communautés chrétiennes, en particulier en milieu rural. Elle a joué un rôle essentiel dans la diffusion des valeurs chrétiennes et l'organisation de diverses activités sociales et éducatives. Elle a aussi contribué à l'édification des infrastructures sociales, comme les écoles et les centres de santé, souvent en collaboration avec les autorités coloniales et les missions catholiques.

Au fil des années, l'ACF a également encouragé l'engagement des jeunes dans des activités civiques et sociales, en mettant un accent particulier sur la formation chrétienne et la construction de la communauté. L'organisation a ainsi contribué à former plusieurs générations de leaders locaux, tout en soutenant des projets qui favorisaient une certaine modernisation des modes de vie ruraux.

La JOCF

La JOCF (Jeunesse ouvrière chrétienne féminine) est un mouvement créé pour accompagner les jeunes femmes ouvrières dans leur éducation et leur développement personnel, social et spirituel. Inspirée par les principes du catholicisme social, elle œuvre à l'émancipation des jeunes femmes en les aidant à prendre conscience de leur dignité, à lutter pour leurs droits et à améliorer leurs conditions de vie, notamment dans les milieux ouvriers et ruraux.

Au Cameroun, la JOCF a été introduite comme une branche spécifique de la Jeunesse ouvrière chrétienne (JOC), adaptée aux réalités locales. Ce mouvement a permis aux jeunes femmes de se regrouper, d'échanger sur leurs difficultés et de participer à des activités éducatives et de sensibilisation. L'objectif principal était de renforcer leur autonomie, leur éducation civique et chrétienne, et de les encourager à jouer un rôle actif dans leur société. La JOCF a aussi soutenu les jeunes femmes dans leurs démarches professionnelles, en les formant à des compétences pratiques.

retardant leur mariage. L'influence économique des femmes ne s'exerce pas seulement par leur activité professionnelle. Acheteuses tous les jours plus nombreuses, elles influencent la production agricole et industrielle. Même si le mari donne fort peu d'argent à sa femme, c'est elle qui achète les produits nécessaires à la consommation journalière et les menus objets destinés au ménage.

Le développement des activités et de l'influence économique des femmes contribue à élargir leur espace social. En effet, le champ géographique de leurs échanges commerciaux, de leurs surfaces cultivées, de leurs relations avec le sacré, de leurs relations sociales s'est considérablement étendu, en même temps que s'organisait pour tous les ruraux un espace social plus large. Il aide les femmes à s'ouvrir sans cesse au changement, à acquérir jugement et sens du relatif, tout en participant à la structuration de ces différents espaces sociaux. L'action des responsables de mouvements féminins, des députées et conseillères municipales, de quelques femmes élites intellectuelles, témoigne de leur capacité à participer efficacement à l'édification nationale. Mais ce dynamisme féminin inquiète les hommes, essentiellement les époux. Ainsi, les villageoises trop entreprenantes, telles que certaines cheftaines, sont accusées de vouloir prendre la place du chef. En ville, beaucoup de femmes, dont l'intense activité sociale ne connaît guère de mesure, sont accusées par leur mari de bavardage, de ne penser qu'à se promener.

La femme béti et le mariage

Lorsqu'une fille est en âge de se marier, sa famille n'a de cesse de lui dire qu'il est temps qu'elle leur soit utile. Les conséquences de l'alliance ont encore une telle importance que les biens qui viennent la

Secteurs d'activité des femmes à Yaoundé en 1962

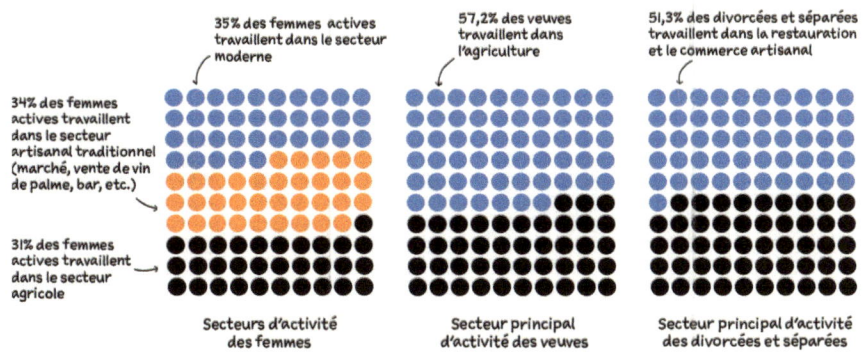

De nombreuses femmes jeunes ont un emploi à Yaoundé.
52,5 % des femmes actives (13,5 % de la population féminine, soit 1 686 femmes) sont des célibataires de 20 à 24 ans.

sceller ont un caractère sacré. Comme autrefois dans le *mvog*, l'échange de filles, était accompagné de dons et de contre-dons, la dot (*meveg*) est venue remplacer l'*atud*, l'échange de femmes, dans son *nda-bôt* d'origine. Si son but premier a été déformé, la dot reste le principal facteur qui scelle l'alliance. La dot, sceau du mariage, est liée à la fécondité. Beaucoup d'hommes attendent d'ailleurs pour doter leur épouse qu'elle ait fait la preuve de sa fécondité.

La deuxième femme est rarement dotée. Le père peut ainsi la récupérer avec moins d'ennui et l'époux peut la renvoyer plus facilement. C'est souvent une fille qui se case plus difficilement que les autres. Elle a déjà eu des ennuis matrimoniaux ou est considérée comme répondant moins bien que d'autres aux critères d'une bonne épouse. La place de deuxième ou troisième épouse non dotée n'est pas enviée. Elles se sentent déconsidérées. Le plus souvent, la deuxième femme est traitée comme une esclave par la première femme. Elle doit faire tout le travail et ses enfants sont confiés à la première épouse.

Ainsi, si les jeunes filles souhaitent voir diminuer la dot, elles ne voudraient pas la voir disparaître et rares sont celles qui prennent le risque de refuser d'être dotées. Lorsque le jeune homme propose à sa partenaire de

Statut matrimonial, genre et population à Yaoundé en 1963

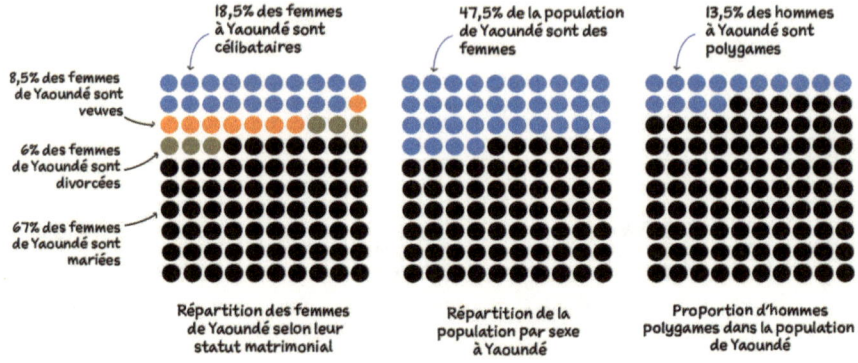

5,4 % des femmes veuves, divorcées ou célibataires de Yaoundé vivent en union libre, changeant de partenaire plusieurs fois par mois. La proportion des hommes célibataires (47 à 50 %) croît avec l'élévation de la dot et le chômage, mais aussi avec la capitalisation des femmes par les riches fonctionnaires polygames, raisons qui expliquent aussi le nombre de femmes vivant en union libre.

ne pas la doter, la jeune fille ne se sent pas respectée et elle force généralement le fiancé à s'exécuter. Nombreuses même sont celles qui tiennent à être largement dotées. Elles sont fières de marquer par là leur valeur et pensent que leur mari les « traitera avec d'autant plus de respect qu'il les aura payées cher[34]. » Il est vrai qu'une femme est d'autant plus considérée dans sa belle-famille que son mari « a peiné pour l'avoir ». Mais les hommes, forcés par leur fiancée au versement de grosses sommes et de cadeaux nombreux et importants – un bœuf, des costumes en tergal, des bouteilles de whisky – s'endettent pour de nombreuses années. Ils ne peuvent que très rarement aménager leur maison et investir pour augmenter leur production. Certains volent même.

La femme qui se sauve chez celui qu'elle aime, ou celle qui est enlevée en rapt par un homme trop pauvre pour satisfaire aux exigences des beaux-parents est poursuivie par sa famille qui ne veut pas perdre une si belle occasion de toucher une forte somme. Le père dont la fille a été enlevée en rapt lui refuse l'état civil jusqu'à ce que son mari ait payé la somme exigée : souvent 30 à 70 000 francs CFA pour prétendre à la fille, somme à laquelle

---

34 Informatrice : une Manguisa de Mbalmayo, 1962.

s'ajoute la dot proprement dite, qui peut aller jusqu'à 200 000 francs CFA plus un bœuf et des chèvres. Ils peuvent alors seulement se marier à l'état civil. La dot n'est jamais finie d'être versée. Longtemps après le versement de la dot, les parents exigent de nombreux et importants cadeaux. Bien des mariages traînent par manque d'argent pour payer la dot. Il n'est pas rare de voir un paysan partir à Douala ou à Yaoundé pour ramasser l'argent nécessaire. Il laissera dans son village ou fera attendre dans sa propre famille sa fiancée pendant trois, cinq et même dix ans, prenant le risque de détruire pendant ce délai leur future union.

Beaucoup de prétendants jeunes et sans gros revenus sont découragés par l'exigence du père de la fille. Des jeunes femmes mvélé, eton, manguisa, ewondo disent ne pas avoir été dotées. Leur père n'a rien demandé à leur fiancé. Mais bien des partenaires affirment qu'en cachette, la nuit, ils doivent fournir de fortes sommes d'argent. Les pères les réclament « à titre de réciprocité parce qu'ils ont dépensé beaucoup d'argent pour les études de leur fille », surtout si elle a fait du secondaire. De fait, la dot augmente avec la demande et le niveau culturel de la fille. Ainsi à Nkolonfogo, village eton isolé loin de la route, mais où se rendent chaque dimanche des fonctionnaires en quête de femmes, la dot qui se situait généralement autour de 100 à 150 000 francs CFA a atteint en 1963 2 à 300 000 francs CFA. 30 % des hommes du village sont célibataires. La dynamique villageoise se trouve affectée par le fait du nombre des hommes actifs qui ne peuvent y fonder un lignage : 30 à 40 % des villageois en âge d'être mariés sont célibataires. À Yaoundé, la proportion des hommes célibataires (46,8 %) révèle l'importance de ceux qui ne peuvent verser une dot.

Ce phénomène provoque une réelle dégradation sociale, favorise les unions passagères et augmente la fragilité du foyer. Beaucoup de ces jeunes hommes « vivent à Yaoundé avec une vieille femme qui les loge, leur assure la nourriture et exige en échange des services sexuels ; quelques-uns, attirés par les cadeaux de leur vieille logeuse, l'épousent ». La déviation dotale ne freine pas seulement le mariage, elle multiplie les divorces et détruit l'équilibre familial. La jeune fille dotée très jeune, dès huit-dix ans, si elle ne veut pas épouser l'homme auquel son père l'a promise, doit chercher un homme riche, souvent vieux et polygame, qui puisse rendre la dot au premier mari et payer un supplément au père de la fille.

TÉMOIGNAGES

Les changements auxquels les femmes aspirent concernent toute leur vie et celle du village :

« Que les hommes achètent de la nourriture, des robes aux femmes, qu'ils les aident à se soigner... » (une Eton de vingt-neuf ans de Mékimébodo I),

« Je suggère à mon mari de mieux entretenir la cacaoyère pour pouvoir envoyer nos filles à l'école, et leur donner ainsi de meilleures places dans la vie »,

« Laissez tranquille les veuves, ne pas les chasser », « en ville, on devrait leur construire une maison »,

« Creuser une fontaine ou un puits, car l'eau est loin » (une Eton de 31 ans de Mékimébodo I),

« Organiser les travaux des champs en commun et par petits groupes » (une Eton de vingt-quatre ans),

Une Eton de Nkoudandeng de 40 ans et ayant 4 enfants explique :

« Nous désirons faire les travaux des champs ensemble, mais nos maris nous le défendent. Nous faisions la cotisation en argent et en palmistes et nos maris ont suscité des palabres. Mon mari me le défend. Depuis qu'il a dit que celle qui viendra ici aura la tête tranchée, elles ne viennent plus ».

Les problèmes économiques, sociaux et psychologiques, le manque de connaissances appropriées, interviennent également :

« On ne peut changer notre vie, disent les femmes manguisa de Nkolo, car d'une part notre vie est toute orientée vers l'agriculture et d'autre part la vie moderne est trop chère. Nous préférons garder notre vie primitive... »

Les parents qui envoient actuellement leur fille à l'école le font parce que « c'est l'évolution », mais n'aiment pas qu'elle y reste au-delà de quinze ans :

« Les hommes ont peur des filles instruites qui ont grandi à l'école. Avant quinze ans, la fille est soumise. Après elle discute et a de mauvaises idées », disent les hommes eton de Mékimébodo I. « Les foyers sont plus stables quand les hommes épousent une fille de quinze ans. Elle peut ainsi être matée dès le début. »

Une enquête de la JOCF à Yaoundé en 1965 montre que l'exploitation des adolescentes par leur parenté est plus importante encore en ville qu'au village :

« Ma mère boit beaucoup », dit une adolescente de la Briquetterie (Yaoundé). « Elle n'a pas d'argent. Elle dit aux hommes : "donne du vin, je te donnerai ma fille." Les hommes viennent à la maison, et j'ai toujours des palabres avec la mère, parce que je ne veux pas l'accepter. »

« J'ai fait un stage de quatre mois, » raconte une jeune fille d'Etudi. « Après l'examen, j'ai été reçue. Mais il m'a été impossible de trouver du travail parce qu'on m'a dit que je devais d'abord apporter 10 000 francs, un cabri et une bouteille de whisky ou me donner moi-même. J'ai refusé, et depuis, j'attends. Les autres stagiaires, pendant ce temps, ont gagné un emploi, sauf trois qui n'ont pas été engagées pour la même raison que moi. »

Si les jeunes filles souhaitent voir diminuer la dot, elles ne voudraient pas la voir disparaître. Elles pensent, à la suite de cette Manguisa de vingt-quatre ans, que :

« Le niveau actuel de la dot n'est pas une bonne chose, elle enlève la liberté à la femme. Elle ne peut plus rien dire à son mari, car elle a été achetée. Cependant, ajoute-t-elle, j'ai connu deux femmes non dotées dont l'une était malheureuse parce que son mari la maltraitait, la battait beaucoup pour la moindre chose. »

Rares sont celles qui prennent le risque de refuser d'être dotées :

« Si je refusais la dot maintenant », dit une jeune Ewondo (mvog Ebanda), « la famille me forcerait. Et si je tiens la tête debout, que je me marie sans leur avis, mes parents peuvent me maudire. Presque personne ne mettrait le pied le jour de mon mariage. Et si plus tard le foyer ne marche pas bien, que la femme est maltraitée par son mari, elle ne pourrait mettre le pied dans sa famille. »

« C'est mon frère aîné qui reçoit ma dot. Je n'ai pas le courage de lui dire d'arrêter parce qu'il ne viendrait plus me voir », dit une jeune femme manguisa de vingt-quatre ans à Mendum Okala qui vit chez son deuxième mari, dont elle est la troisième femme.

Aujourd'hui, l'argent paraît être devenu le garant de l'alliance, la condition de son équilibre. La description par une Manguisa des différentes étapes du mariage, tel qu'il se déroule aujourd'hui dans sa région, nous aidera à en juger. Plusieurs démarches et cérémonies sont communes à tous les Béti.

Choix du ou de la fiancée :

« Le jeune rencontre une fille qui lui plaît et lui parle. Si elle se sent de l'attrait pour lui, ils nouent une sorte d'amitié. Le jeune homme fait la connaissance de sa belle-famille en apportant une ou deux dames-jeannes de vin de palme. Ils fixent alors la date de la première cérémonie publique appelée "connaissance de l'amour (amour manifesté)." Ce jour-là, il apporte deux dames-jeannes de vin rouge et une de vin de palme. On les pose au milieu de la famille réunie et on dit au garçon d'appeler sa fiancée. Celle-ci arrive et on lui dit de donner du vin à ses parents si elle est consentante. Dans ce cas, on lui donne un verre de vin qu'elle partage avec son fiancé. »

Fiançailles et dot :

« Après la première cérémonie du consentement, le même jour, on fixe le montant de la dot, soit 50 à 200 000 francs CFA. Le garçon vient fréquemment voir la fille, apportant chaque fois quelque chose pour elle, pour sa mère ou pour quelque autre membre de sa famille.

Lorsque le fiancé a pu réunir la moitié de la somme demandée pour la dot et la nourriture réservée aux parents : un porc pour un oncle, un bœuf ou deux sacs de morues ou autres poissons secs pour le beau-père, et différents objets pour la belle-mère, cuvette, marmites, parapluie, sacs d'arachides, houe, machette, etc., il vient sur rendez-vous donner ces présents à son beau-père.

S'il ramène tout ce qui lui a été demandé, on procède au départ de la fille. Parfois, la liste est si longue et les possibilités du fiancé si réduites, que l'attente est très longue. Certaines filles rejoignent le domicile de leur mari avec quatre ou cinq enfants.

La dot en nature versée, le prétendant "demande" la fille. On lui dit alors qu'"elle est partie en avion... il faut la chercher". Le garçon donne 1 000 à 5 000 francs CFA ; on la ramène avec ses sœurs et cousines sous un voile et on dit au fiancé de la reconnaître par les pieds. S'il se trompe, il paie 1 500 francs CFA. La fille l'appelle tout bas... S'il ne répond pas, on dit qu'"il a gardé le silence" et doit payer 500 à 1 000 francs CFA, etc. Puis on attend la nuit pour lui donner la femme. Juste avant de partir, le père de la fille égorge sur sa cour une chèvre féconde (elle va permettre la croissance de la nouvelle famille) et badigeonne de son sang le ventre et les seins de sa fille et le ventre du garçon. Il donne alors la tête de la chèvre à sa fille, qui doit partir immédiatement de chez elle, sans regarder en arrière. On emporte la chèvre entière, décapitée, sans la dépecer.

La fille, accompagnée de ses "mères", se rend chez son mari, où elle restera plusieurs mois (ou plusieurs années) avant d'aller faire un séjour au sixa, pour y préparer son mariage religieux auquel les femmes béti tiennent tant.

Si elle va directement chez son mari, celui-ci doit faire encore de nombreux cadeaux à sa belle-famille : 10 000 francs CFA, deux chèvres, de la nourriture, etc. Le jour du mariage civil, il doit donner à son beau-père une bouteille "forte" ou "piquante", par exemple une bouteille de rhum, de whisky...

Le mari envoie sa femme au sixa lorsqu'il a versé la totalité de la dot en argent et qu'il peut satisfaire aux cadeaux coutumiers liés au mariage religieux. Ce jour-là, après une grand-messe célébrée à la mission catholique, la famille et les amis accompagnent les mariés jusqu'au village en une vaste procession dansante, où à tour de rôle les femmes chantent des vœux pour la mariée, accompagnés des balafons et du grand tambour de fête.

Arrivée près du village où va résider sa fille, la belle-mère "meurt". Son gendre doit la réveiller avec 2 à 20 000 francs CFA selon ses possibilités. À l'entrée du village, la jeune femme mime et danse *etzag okane*, la recherche de sa bague. Les femmes qui l'accompagnent chantent au rythme des claquements de leurs mains, pendant que la jeune femme, agenouillée, semble avoir perdu quelque chose de précieux, cherche à terre et retrouve sous sa robe la bague de ses noces.

Parfois, on porte les mariés jusqu'à la maison et là, on bande la bouche de la femme ; "elle refuse de manger chez son mari", dit-on. Celui-ci doit la supplier et payer une certaine somme pour qu'elle accepte de prendre la nourriture des noces.

Après le mariage, mère et tantes de la jeune femme préparent tout ce qui est nécessaire dans la maison : vaisselle, batterie de cuisine, habits, salon, etc., pour l'offrir à leur fille, "afin qu'elle ne soit pas pauvre". Le don des bêtes et objets divers donne lieu à une fête : l'*angaza*. »

La même instabilité conjugale se rencontre aussi chez les femmes dotées ; le nombre des divorces augmente chaque année ; beaucoup de femmes, attirées par les offres alléchantes d'un plus riche que leur mari, n'hésitent pas à le quitter. La dot, par l'instabilité conjugale qu'elle suscite, provoque également une dégradation de la santé, l'extension des maladies vénériennes et la dénatalité.

Quelques foyers dérogent toutefois à l'exigence dotale. Depuis 1945, des pères et leurs filles (4 % environ), incités par le jugement des missionnaires chrétiens, ont refusé de considérer la dot comme sacrement du mariage. Avec le temps et la preuve de leur dévouement, ces jeunes épouses non dotées, aidées de leur mari, sont respectées de leur belle-famille et finalement consultées comme des personnes sages. On peut remarquer que la plupart de ces foyers sont scolarisés, et poursuivant un même idéal, alimenté et soutenu par un mouvement regroupant des foyers.

Autrefois, les cérémonies rituelles du mariage et l'échange des dons et contre-dons donnaient à l'alliance sa pleine efficacité, assurant fécondité et sécurité du futur foyer. En 1966, l'argent paraît être devenu le garant de l'alliance, la condition de son équilibre. Mais les différentes étapes du mariage à cette époque font ressortir la diminution de son caractère sacré au profit des intérêts économiques de ceux qui ont participé à l'éducation de la fille ou qui estiment avoir un droit sur elle. L'échange des consentements introduit vers 1940-45 montre que l'accord de la femme prend une place plus grande dans l'institution du mariage. Le contrat social semble introduire la notion de « personne ». Parallèlement à cette place nouvelle de la femme dans l'alliance, qui préfigure ses rôles sociaux nouveaux, on remarque à l'occasion des cérémonies du mariage l'ambiguïté des rôles anciens qu'elle joue encore et qui la situent tantôt en parente, tantôt en alliée. Tout au long du cérémonial, tour à tour la mauvaise grâce et le refus opiniâtre rappellent à sa belle-famille qu'elle reste avant tout « de sa famille ». Les subterfuges inventés vis-à-vis du fiancé avant le départ de la fille, la démarche ultime auprès de sa famille, le voyage pour amener la belle-famille, sont une série de moments critiques, que seuls les versements successifs parviennent à surmonter. Ils rappellent que « l'alliance se coupe avec une hostilité latente » et permettent de vérifier à quel point la femme est le point focal où se jouent la paix et la guerre, l'alliance et l'hostilité.

Les relations homme/femme font ressortir en 1966 comme au début du XXᵉ siècle les rapports fondamentaux de réciprocité et de solidarité, mais en zone rurale ils se sont enrichis de rapports de coopération. Des travaux requièrent la solidarité des deux groupes, masculin et féminin : la commercialisation des produits ; l'organisation des marchés ; la construction ou la réparation de la maison ; son aménagement, la formation des enfants dès qu'ils pénètrent dans le monde moderne avec l'école. La femme a souvent une attitude extérieure soumise et chargée de crainte pour son maître et mari, « celui qui l'a achetée et auquel elle appartient », mais elle a avec lui des relations de solidarité et de coopération beaucoup plus importantes qu'en ville.

En ville, cet équilibre est souvent renversé dans la mesure où hommes et femmes ont des activités dans des secteurs extrêmement différents, et où le travail de la femme demande souvent initiative et responsabilité. Ces activités sociales, leur travail et leurs revenus ont une réelle autonomie. Les relations homme/femme sont alors profondément perturbées : tout se passe comme si l'épouse était pour son mari une rivale ; leurs relations une tension latente. La femme, par son travail et son action sociale, sa capacité professionnelle, son niveau culturel et ses responsabilités, a une place nouvelle dans la société. Plus l'épouse cherche à se promouvoir et à assurer son indépendance et sa sécurité, plus son mari essaie de conserver envers elle toute son autorité. Il la traite chez lui comme « une moins que rien », exigeant d'elle une obéissance absolue et l'écartant de ses relations les plus valorisées. Il reçoit seul ses amis et parents ; il n'accorde aucune confiance dans la gestion du budget par sa femme ; il ne lui donne chaque matin la somme nécessaire pour la journée que s'il a été satisfait du menu de la veille. Certains refusent même à leurs femmes toute activité extérieure à la maison : elles pourraient se croire leur égale. Les relations homme/femme sont alors chargées de plus en plus d'agressivité, de méfiance et de duperies. La femme est souvent battue et se venge en hurlant pour faire savoir à tout le voisinage que son mari la brutalise. La tension semble accrue dans les milieux polygamiques et amplifiée par l'intervention des sœurs du mari.

L'aspiration au pouvoir de nombreux Béti leur fait rechercher une épouse qui augmente leur renommée et leur prestige, qui soit en fait leur marchepied. Ils attendent de leur épouse soumission et intense participation aux activités génératrices de vie, afin que croisse par eux le courant familial de vie. La femme n'en est que l'instrument, le véhicule ; elle n'existe que par l'homme. Cette supériorité s'exerce spécialement pour les événements extérieurs à la vie du foyer. Les hommes recherchent chez leur future épouse des qualités représentant des valeurs traditionnelles auxquelles se mêlent des valeurs modernes, car elles aussi assurent à l'époux prestige et autorité. Après les qualités de fécondité, de sobriété, d'adresse au travail dans les champs, à la maison et dans la préparation culinaire, comme bonne nourricière, les hommes privilégient également chez les femmes les qualités de présentation extérieure et d'accueil aux amis de leur mari et aux étrangers, accueil qui influencera la réputation du mari. La collaboration de l'épouse, sa conduite, ses divers comportements techniques et sociaux décident de sa place dans la famille de son mari : « une amie ou une ennemie », disent en général les Béti. Issue d'un autre clan, par le fait même du mariage exogamique, l'épouse béti reste dans la famille de son mari une étrangère. Destinée à réduire les tensions entre deux groupes potentiellement ennemis, elle est difficilement intégrée dans sa belle-famille. Aussi reste-t-elle très attachée à sa propre parenté, qu'elle privilégie dans le partage de ses biens. Elle les fait bénéficier de ses produits les meilleurs et d'une partie de ses revenus, s'assurant ainsi une possibilité de repli, lorsqu'un palabre important intervient entre elle et son mari, qu'elle est renvoyée ou qu'elle veut quitter son mari.

Jamais sûrs du désintéressement de leur épouse, les hommes gardent une attitude méfiante vis-à-vis de tout partage intime avec elle. L'intensification des tensions dans les foyers habitant la ville, augmentée par le chômage et l'évolution des rôles féminins, à laquelle hommes et femmes ne sont pas préparés, provoque une méfiance encore plus grande. Les hommes en rejettent la cause sur les femmes. À Ebogo, les Enoah disent que leurs femmes « n'ont les yeux que sur l'argent que possède leur mari. »

Le déséquilibre causé par les différents niveaux culturels au sein du foyer est souvent favorisé par les hommes qui redoutent, autant qu'ils recherchent pour se valoriser en public, les femmes scolarisées. Ils prennent alors deux épouses : la première est une villageoise analphabète, timide et docile ; la seconde est scolarisée et initiée aux comportements sociaux modernes ; c'est elle qui accompagne son mari dans les réceptions. Très vite, la jalousie s'installe dans le foyer et les palabres commencent.

TÉMOIGNAGES

Tandis qu'en zone urbaine la femme a souvent une attitude extérieure soumise et chargée de crainte pour son maître et mari, au village, elle a avec lui des relations de solidarité et de coopération.

Au village :

« J'ai peur de mon mari, parce qu'il est mon supérieur. Mais il ne me bat pas. Il est bon pour moi. Il a mis toute sa confiance en moi. Depuis son mariage, il n'a jamais eu l'intention de prendre une autre femme. Il me confie tout son argent, même celui de l'impôt. Je suis sa compagne et sa conseillère. Nous n'avons jamais eu de problèmes. Nous parlons de tout et prenons ensemble nos décisions », raconte la femme du chef d'Ekombitié, une Bane de 50 ans qui a élevé sept enfants.

En ville :

« La vie des femmes en mariage polygamique est infernale », raconte Marie, la responsable d'une association de jeunes filles. « Il y a des jalousies continuelles, dont souffrent les enfants, chacun se rangeant du côté de sa mère pour attaquer les enfants des autres femmes. Il y a apparemment toujours la paix, mais c'est une paix hypocrite où chacune fait des médisances sur l'autre et essaie de la démolir pour s'attirer les préférences du mari. Parfois la belle-mère met la paix dans le ménage. Mais les belles-sœurs sont presque toujours méchantes, jalouses des étrangères au ménage, elles essaient par tous les moyens de les humilier, de les forcer à obéir. Si une jeune femme refuse, elles disent toute sorte de mal contre elle à son mari, leur frère. »

Jamais sûrs du désintéressement de leur épouse, les hommes gardent une attitude méfiante vis-à-vis de tout partage intime avec elle :

« Ce n'est pas raisonnable de dire ses secrets à sa femme, car si on mourait, elle pourrait accaparer tous nos biens, les emporter dans sa famille, alors qu'ils doivent tous aller à nos frères, pour être transmis à notre famille. J'aime beaucoup plus ma famille que ma femme, parce que j'ai bien plus confiance en ma famille.

Cependant, si je m'entends bien avec ma femme, je peux laisser, lorsque je mourrai, mes biens à sa disposition. Le plus souvent, nous préférons que notre famille reprenne notre héritage, parce que, à la mort de leur mari, beaucoup de femmes retournent chez elles », racontent des Bane et des Ewondo de Mbalmayo.

Si les partenaires de l'alliance, les groupes antagonistes en même temps qu'alliés, ont des rapports de concurrence chargés d'agressivité, ils accèdent également à des rapports plus larges de solidarité et de coopération. On les rencontre dans des familles, telle celle du chef de Nsen Menduga, chez les Manguisa, et dans des villages comme Mékimébodo I, où l'entente et la vie sociale se sont maintenues autour d'un leader traditionnel qui cherche à conjuguer les deux pôles actuels de la société béti.

À Nsen Menduga, les femmes du chef travaillent en commun et font une cotisation entre coépouses, entre femmes de même origine ethnique. Le chef partage entre elles la moitié de la récolte de cacao, à laquelle elles ont participé. Il leur demande conseil lorsqu'il veut prendre une nouvelle épouse, etc. Cet équilibre semble encore plus solide lorsqu'un ou plusieurs leaders novateurs et entreprenants, comme à Mékimébodo I, ont renouvelé la vie collective, l'entraide et la coopération du village. Les hommes occupés à organiser et à réaliser le développement qu'ils ont prévu sont moins obsédés par le maintien de leurs prérogatives dans leur foyer. Ils se sont trouvés de plus dans l'obligation d'y associer étroitement les femmes et de les préparer à une mentalité et des comportements correspondant au renouveau qu'ils ont décidé d'opérer dans leur village.

À Mékimébodo I, comme à Nsen Menduga, une nouvelle réciprocité dans leurs relations, l'entente, la coopération révèlent à la femme toute l'importance de son rôle. Elle devient alors l'agent le plus dynamique, le plus participant à la cause choisie avec son mari. C'est souvent les premières épouses ou les femmes préférées qui détiennent comme autrefois cette place de confiance et de responsabilité. Certaines gardent l'argent du mari, prévoient avec lui le budget, le remplacent à la maison pour accueillir les étrangers et parler à sa place, lorsqu'il est absent.

REGROUPEMENTS FÉMININS EN QUÊTE DE SOLIDARITÉ

Un dynamisme nouveau des associations féminines

Inspirées par des structures anciennes et sans cesse adaptées aux besoins, les associations féminines se sont considérablement développées dans le Centre-Sud-Cameroun depuis l'indépendance. La volonté collective des villages d'améliorer leur sort, plus efficace que les interventions

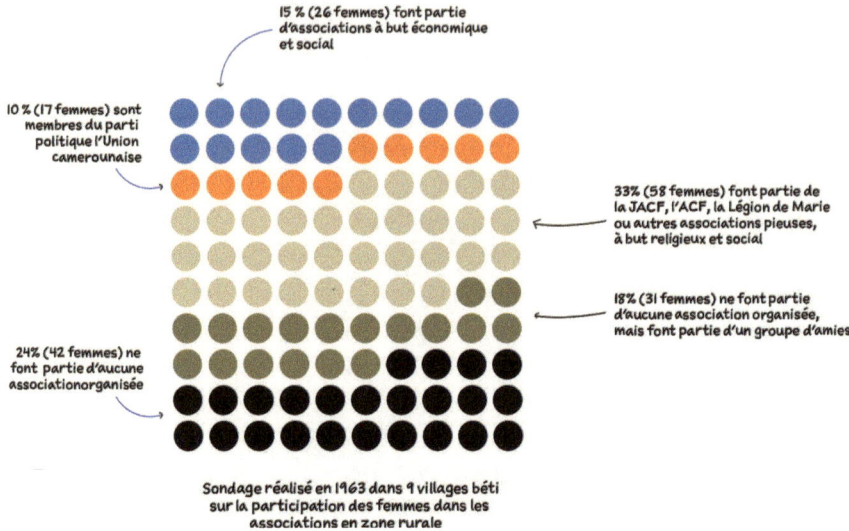

extérieures, a suscité de nombreux groupes d'entraide économique et social dans les villages. Les citadines également soucieuses de solidarité, d'intégration à la vie urbaine, et de promotion sociale ont développé de nombreuses associations dont certaines existaient à la veille de l'indépendance. À la différence des groupes féminins de type traditionnel regroupant à Yaoundé les femmes ou les familles de même ethnie, ces associations sont caractérisées par la multiplicité de leurs activités et la globalité de leurs objectifs. Les nouvelles citadines, souvent désorientées par l'hétérogénéité du milieu urbain, l'isolement, l'importance de l'environnement, la variation des rythmes, les difficultés matérielles, cherchent dans ces groupes une communauté locale de substitution. Lorsqu'elles, par leurs associations, ont réalisé leur intégration sociale, économique et culturelle, elles créent d'autres groupes dont le but est d'aider les adhérentes à agir sur le devenir de la société globale, leur évolution révélant la démarche totale du groupe féminin.

Les regroupements à fonction économique

Dans les années 1960, les associations féminines à fonction économique sont un premier type de regroupement. Certains de ces regroupements ont des objectifs matériels et permettent aux femmes d'améliorer le niveau de vie familiale. C'est le cas des associations de cotisations en argent ou *esusan*. Chaque femme reçoit à tour de rôle une somme plus ou moins élevée que lui versent les autres membres, lors d'une joyeuse réunion généralement tenue le dimanche, une ou deux fois par mois ; à cette occasion, les femmes dansent, chantent et partagent parfois un repas. L'utilisation des sommes permet une modernisation ou un entretien de l'habitat avec l'achat de tôles, de portes, de piquets pour l'armature des murs, l'acquisition de biens durables tels qu'un poste radio, des bicyclettes, une machine à coudre, la scolarisation des enfants ou encore une meilleure satisfaction des besoins courants.

Certaines de ces associations fonctionnent comme une caisse d'épargne. Les adhérentes versent régulièrement de l'argent. Chacune reprend à la fin de l'année la somme totale qu'elle a versée. La caisse peut faire des prêts avec intérêts, ceux-ci servant à payer les soins d'un malade sans ressources, à couvrir les dettes d'un membre plus pauvre que les autres, à organiser une fête. Les groupes de cotisation en assiettes, nés avec la croissance des revenus et le désir de modernité, visent des objectifs similaires. Deux fois par mois, chaque participante achète une assiette en fer recouverte d'émail et la remet à une des femmes de l'équipe. Chacune à son tour se trouve donc montée en assiettes, puis en marmites en terre ou en aluminium, en cuillères de bois, etc., car le circuit reprend jusqu'à ce que le matériel souhaité soit acquis. Les sociétés de travail représentent également une part importante des associations à fonction économique.

Autrefois, toutes les femmes d'un village faisaient partie, par groupes d'âge, d'une société de travail. Lorsqu'une fille partait en mariage, elle rentrait dans le groupe des coépouses, des femmes du *nda-bôt*. Les femmes étant encore en très grande partie chargées des productions vivrières, ces sociétés ont conservé toute leur raison d'être. Les sociétés de travail sont surtout développées dans la région de la Lékié, où presque toutes les femmes se sont groupées par famille dans les hameaux pour faire ensemble leurs travaux agricoles et de grandes pêches lors des saisons sèches.

Les trajets pour se rendre à la pêche ou aux plantations sont l'occasion de joyeux bavardages et de chants lancés par une des équipières et repris en chœur par le groupe. Ils se poursuivent aussi pendant les travaux, réanimant l'ardeur des travailleuses et participant – par les appels lancés aux forces fécondantes – à la fertilité du sol.

Ces sociétés sont souvent temporaires, les femmes se réunissant à l'époque des différents travaux. La coopération agricole débouche non seulement vers l'expansion des champs et des rendements, elle permet à quelques groupes mieux organisés dans leurs méthodes de réduire le temps de travail. Quelques-unes en profitent pour se reposer, d'autres vont à la mission suivre des démonstrations de puériculture, apprennent à coudre ou nettoient plus souvent leur maison.

D'autres activités collectives ont aussi été introduites : construction des cases-cuisines, entretien des toits, désherbage des grandes pistes du village, entretien et nettoyage des sources, creusage de puits dans les villages, confection de bornes-fontaines dans les quartiers des petits centres urbains, comme à Sa'a et Obala. On ne peut cependant pas conclure que toutes les rurales font partie d'un groupe de travail en commun. Dans les villages où l'harmonie est souvent remise en question par les tensions interfamiliales ou entre le groupe des hommes et celui des femmes, 70 à 90 % des femmes cultivent seules leurs champs.

Les regroupements à fonction sociale

Les regroupements à fonction sociale forment un second type d'association. Groupes d'amies et groupes d'entraide puisent leurs origines dans la stabilisation des *mvôk* au Sud-Cameroun et dans la fraternité née d'une même participation aux associations coutumières. Elles rassemblent des femmes de même catégorie d'âge et de même statut : veuves, mariées ou célibataires, enfants, adolescentes, femmes adultes, ou d'âge mûr.

Les groupes d'amies sont très nombreux dans la société villageoise et remplissent de nombreuses fonctions : travaux agricoles en commun ; échange de nourriture – lorsqu'une femme n'a pas eu le temps de préparer, ses voisines lui apportent de quoi sustenter sa famille ; soins et secours à une malade isolée et à celle qui vient d'accoucher ; prise en charge mutuelle des enfants en cas d'absence prolongée de la mère. Les amies se prodiguent

Liens d'amitié entre les femmes béti en 1963

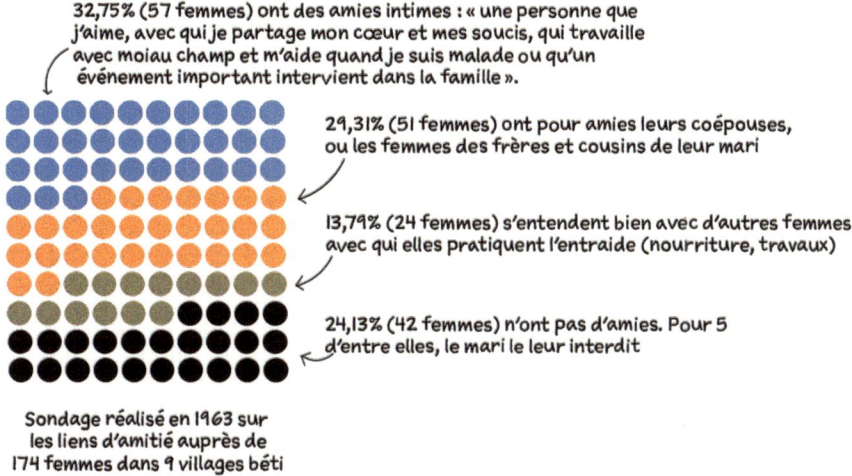

Sondage réalisé en 1963 sur les liens d'amitié auprès de 174 femmes dans 9 villages béti

aussi des conseils et se transmettent des connaissances en ce qui concerne la vie traditionnelle, mais également la vie moderne.

L'amitié entre femmes ne se réalise pas toujours facilement. Bien des maris n'apprécient pas la grande place que tiennent les amies dans la vie de leur femme, car l'amitié n'a pas de limite et entraîne souvent des conflits entre les conjoints. Aussi quelques époux interdisent-ils à leur femme d'avoir des amies.

L'amitié est aussi freinée dans certains villages par les vieilles médisances, la méfiance ou les jalousies issues de promotions plus ou moins rapides. On remarque que dans les villages en situation de stagnation, qui sont éloignés des influences modernistes et retranchés de la société globale pour des raisons historiques ou politiques, la proportion des femmes ayant des amies est très faible. Cependant, dans les villages en pleine évolution, les groupes d'amies se développent. Dans une société où la femme est essentiellement utile, l'amie est une personne désintéressée.

Ces petits groupes d'amies donnent parfois naissance aux associations de travail, de cotisations et d'entraide que l'on trouve au niveau des quartiers. Partis de groupes unis et solidaires, ils deviennent, lorsqu'ils essaient de s'organiser pour répondre à des besoins nouveaux, des cellules de développement pour le village. En 1963, à Nkolo, village manguisa, un groupe de sept amies a décidé, après réflexion, de faire ensemble leurs plantations. Elles sont arrivées à faire en trois matinées ce que chacune réalisait en une semaine, en travaillant les 2/3 de la journée, de 7 h à 16 h. Elles ont consacré le temps gagné à apprendre à coudre, à mieux entretenir leur maison et à s'occuper plus de leurs jeunes enfants. Quelques-unes ont pu suivre régulièrement les cours d'alphabétisation donnés au village. Cet exemple a encouragé d'autres initiatives dans le village.

Les groupes d'amies ont beaucoup plus de difficulté à s'épanouir en ville. Peu de femmes y ont de véritables amies. Elles se méfient le plus souvent des voisines avec lesquelles elles s'entendent le mieux, craignant qu'elles ne viennent leur prendre leur mari ou qu'elles aillent raconter dans tout le quartier les soucis qu'elles leur ont confiés.

Dans la plupart des villages béti, les femmes originaires d'un même *mvog* ou mariées dans un même *nda-bôt*, les coépouses, quelques amies, forment également des groupes d'entraide, dont les membres ne sont jamais très nombreux. Elles se rendent mutuellement des services dans les circonstances importantes de leur vie ou lors des situations difficiles : naissance ; maladie ; première communion ; mariage ; mort ; lorsque l'une d'entre elles acquiert un prestige nouveau ou souhaite partir en voyage. Les femmes de l'équipe apporteront du bois, des produits vivriers, de la nourriture, de la boisson, de l'argent à celle qui est en peine. On viendra visiter la malade, veiller le mort, entourer la nouvelle cheftaine ou la mariée, à laquelle chacune aura donné une pièce de sa batterie de cuisine. En cas de naissance, les alliées de l'accouchée lui aspergent d'eau le dos. Son groupe d'entraide et les femmes âgées de la famille marquent ainsi leur amitié. Puis chacune cherche du bois et de l'eau pour la maman, lui apporte quelques pièces de monnaie et de la nourriture. En cas de décès d'une femme de l'équipe, chaque membre donne une petite somme – 50 à 100 francs CFA – pour lui acheter un cercueil, du ciment pour la tombe et faire dire une messe à son intention lorsqu'elle est chrétienne. Mais lorsque l'une d'entre elles perd son mari, ou un homme de la famille de son mari, tous les membres de son équipe lui donnent de la nourriture pour les parents qui viennent assister au deuil. Lorsque la veuve enfermée est obligée de donner des volailles et de l'argent aux différents membres de la famille, ses coéquipières lui apportent de quoi se nourrir et quelque argent pour l'aider à satisfaire les exigences auxquelles elle est soumise. Le septième et le neuvième jour après la mort, l'entraide est remise à l'épreuve, car il faut nourrir la famille venue entourer le départ du mort pour son séjour au monde des *bèkôn* (les mânes).

En 1966, la participation des rurales aux groupes d'entraide est quasi générale. Elle donne lieu à des groupes officiellement reconnus. Activités et circonstances de l'entraide sont à peu près semblables dans les différents groupes.

L'entraide en ville, à Mbalmayo, comme à Yaoundé, se réalise le plus souvent entre femmes de même ethnie, ou de même tribu. Ce groupe tend à se substituer à la cellule familiale, car il joue également le rôle de tribunal coutumier. La présidente, qui cumule aussi la fonction de cheftaine, avec l'aide de deux assesseurs, tranche les palabres qui surviennent entre ses membres ou avec les femmes du quartier. À Mbalmayo, l'entraide semble plus généralisée qu'à Yaoundé. Elle est destinée à secourir les besoins les plus urgents. Les cotisations des adhérentes et les fruits d'une kermesse servent à aider les orphelins et les veuves ou encore à construire une maternité. L'entraide joue également pour les travaux agricoles des citadines ayant des champs. De même qu'en zone rurale, les femmes se regroupent par groupes d'âge et de même statut, par affinité religieuse, culturelle ou sociale. Plus encore qu'au village, l'entraide est freinée en ville par les tensions entre familles, la méfiance entre personnes d'origines ethniques différentes.

De tout temps, les femmes béti paraissent avoir senti le besoin de s'associer, mais leur participation s'est considérablement développée à mesure que leurs fonctions évoluaient ou se diversifiaient et que la société peu structurée et fragile se dégradait. Les membres de l'association sont généralement de même statut ; les jeunes filles, par exemple, préfèrent travailler ensemble leurs plantations. Elles iront de concert au marché, passeront leurs loisirs entre elles ; autant d'occupations au cours desquelles elles peuvent discuter de leurs soucis, échanger leurs aspirations.

L'adhésion d'une femme à une association semble corrélée à son degré d'intégration sociale. Les jeunes filles qui, dans leur village natal, ont travaillé ensemble, créent entre elles des liens d'entraide et d'amitié qui se perpétuent après leur mariage, bien qu'elles soient éloignées les unes des autres de 10, 20 et jusqu'à 80 kilomètres. Ces liens d'amitié les aident à faire face plus facilement à leur délicate situation au sein de leur belle-famille, les premières années après leur mariage. Tant qu'elles n'ont pas nourri la famille de leurs produits vivriers et mis des enfants au monde, ces jeunes femmes sont peu intégrées : elles n'osent faire partie d'une association organisée et ont très rarement des responsabilités dans la famille ou le village. Quelques-unes cependant, dont le mari est moderniste, qui ont reçu une formation ménagère ou sont militantes de mouvements tels que la JAC ou l'ACF, sont mieux intégrées. Avec l'accord de leur époux, elles peuvent se permettre, malgré les réticences familiales, des déviations aux coutumes ; on leur confie des responsabilités et on vient leur demander conseil en ce qui concerne la vie moderne. Elles entrent alors dans les différentes associations, qu'elles ont le souci de faire évoluer de l'intérieur.

Il semble que plus la femme est respectée et admirée, plus elle est encouragée à participer à différents groupes. Certaines cheftaines font partie de trois confréries religieuses, d'un groupe de travail et d'un groupe d'amies pour l'entraide. En revanche, l'évolution des relations conjugales fait baisser la participation aux associations. En effet, lorsque le mari travaille avec sa femme aux champs, lorsqu'ils mettent en commun leurs revenus, qu'ils échangent et coopèrent dans tous les domaines, la jeune femme ne sent plus le besoin de participer aux groupes qui lui apportaient cette aide ou cette coopération.

Des clivages sociaux et ethniques apparaissent à travers les choix des membres des associations d'entraide et de cotisations. Les membres se regroupent selon leur niveau de revenus et leur origine ethnique. Ces clivages apparaissent aussi à l'occasion du choix des leaders. Les femmes de hauts fonctionnaires, celles qui reviennent de l'étranger, et qui sont susceptibles d'avoir un niveau de culture très supérieur à la moyenne, sont écartées. Elles sont accusées ou suspectées de vouloir tout commander et de se prendre pour « de grandes dames. » Cependant, si la principale responsable est souvent une illettrée, son adjointe directe et la secrétaire générale sont des personnes ayant reçu une formation secondaire ou technique et chargées de responsabilités dans leur profession.

Malgré le rejet des plus occidentalisées, le choix des leaders révèle la recherche d'un équilibre entre les nouvelles forces sociales, qui représentent les groupes de citadins ayant des niveaux culturels différents. Les activités de ces associations manifestent la volonté de renforcer la cohésion sociale. Lors des mariages et des deuils, les dons en nature et en argent, la prise en charge du membre éprouvé ou qui se réjouit, manifestent la volonté de renforcer la solidarité ethnique et la cohésion féminine. Les fêtes communes, le mot d'ordre, les chants et les danses propres à l'association visent à resserrer les liens entre les membres, à libérer les tensions et à entretenir la foi et l'enthousiasme des membres.

LE RÔLE DES FEMMES DANS L'ÉDIFICATION NATIONALE DU CAMEROUN

Le rôle des cheftaines

Les femmes béti ont toujours eu leurs chefs de file, femmes mises en vedette par des activités et des attitudes qui leur procuraient prestige et autorité. Leur nombre a considérablement augmenté avec la diversification des fonctions féminines en ville, comme au village. La qualité fondamentale, qui assure à la femme le respect de son mari, de son entourage, sa renommée future, est sa fécondité. Des qualités de type moderne, tournées vers le développement économique ou l'évolution sociale, confèrent également aux femmes respect, confiance et autorité de leur entourage : esprit d'initiative, capacité d'organisation, dévouement au groupe, réussite dans l'éducation des enfants. Ces femmes particulièrement valorisées par les anciens ont conservé leur place de leaders traditionnelles dans la vie de la famille et du village et sont les conseillères de la famille étendue, le *nda-bôt*. Consultées par les hommes et les femmes en matière de vie conjugale, d'éducation des enfants, d'agriculture, de choix d'un conjoint, elles règlent aussi les différents palabres entre femmes, entre époux, entre hommes, donnent des conseils aux jeunes et cherchent des épouses pour les hommes.

Cheftaines, commissaires, assesseurs, responsables d'équipe d'une confrérie religieuse, conseillères, elles sont aussi les initiatrices de ces groupes spontanés d'entraide, de cotisation, de travaux en commun. Elles sont considérées par de nombreuses femmes du village comme une parente à laquelle elles sont très attachées, souvent plus qu'à leur mère, car autrefois c'est à elles qu'était confiée l'éducation des petites filles dès l'âge de six ans, parce qu'elles étaient considérées comme meilleures ménagères. Des femmes béti se souviennent encore de celle qui fut leur éducatrice et leur seconde mère, ayant « appris par ses soins comment accomplir leurs devoirs sociaux et matériels envers les vieux, leur époux futur, et leurs enfants ».

Les magiciennes et les guérisseuses jouent un rôle important dans le village, mais elles n'ont pas de responsabilités dans les associations. Elles se situent en général en marge de ces groupes organisés. Leur clientèle est très nombreuse. La plus grande partie des femmes stériles ou dont les enfants meurent à la naissance place sa confiance dans les guérisseurs et guérisseuses, personnes souvent très âgées. Il est difficile de séparer la fonction de guérisseuse de celle de devin-magicienne ; elles sont souvent liées. En 1966, les femmes devins et magiciennes exercent encore chez les Manguisa, les Mvélé et dans quelques tribus eton, une influence considérable. Elles utilisent et manipulent l'*evu*, cette puissance du mal déposée en tout homme, les mânes des ancêtres et des esprits mal définis. Les principales armes des magiciennes semblent être la malédiction, l'envoûtement des petites filles et l'empoisonnement des enfants et des adultes. Le plus souvent rejetées de la société, elles mettent les moyens que leur donne leur puissance au service du mal, inspirent des craintes incessantes aux jeunes femmes et aux mères des petites filles. Quelques-unes agissent pour le bien de la société et sont reconnues comme telles.

Aux leaders traditionnelles se sont ajoutées les leaders modernes dans les années précédents l'indépendance du Cameroun. Les cheftaines, instaurées par un sous-préfet, n'ont été établies sur l'ensemble de l'ancien Nyong-et-Sanaga (région béti) qu'en 1963-64. L'administration les considérait comme des intermédiaires chargés de transmettre aux femmes les ordres déjà communiqués par le chef de village. La cheftaine avait dans le village la direction des activités collectives réservées aux femmes tel l'accueil des étrangers et des personnes officielles. Les critères du choix de ces responsables étaient basés sur leur « expérience agricole et familiale, leur dévouement pour le village, leurs capacités à conduire le groupe et à parler pour lui », enfin sur leur impartialité à juger les problèmes de la collectivité. Très vite, les plus dynamiques s'intéressèrent aux activités qui répondaient aux principaux problèmes rencontrés par les villageois : organisation du travail par petites équipes, afin de gagner du temps et d'augmenter la production, rassemblement des économies pour répondre aux besoins croissants de la femme et de ses enfants, éducation sanitaire des mères, afin de freiner la mortalité infantile et les épidémies.

L'ardeur des cheftaines, considérée par le gouvernement comme peu rentable pour l'évolution féminine, fut suspendue en juin 1966. Elles furent toutes remplacées par des responsables de cellules, nommées par l'Union nationale camerounaise. Bien que les résultats ne soient pas les mêmes dans toutes les régions, le bilan de leur action paraît cependant très positif. Les cheftaines avaient en général une grande autorité sur les villageois et les hommes les respectaient. Elles participaient au Conseil du village. Les femmes prenaient l'habitude de venir les voir chaque fois que quelque chose n'allait pas dans leur foyer. Elles sont devenues des conseillères et des juges ; la pression qu'elles exerçaient sur les femmes du village, par l'intermédiaire de leurs adjoints, était acceptée comme un moyen de promotion personnelle et d'évolution collective. Isolées ou unies, ces chefs de file ont eu sur leur village, parfois sur leur zone ethnique, une influence économique et sociale qui a favorisé l'évolution des structures. De nombreux groupes de travail agricole, d'entraide, de cotisations en nature ou en argent sont nés de leur initiative. Ces initiatives sont décidées collectivement par les cheftaines puis

BÉNIA-BINGA

Les *bénia-binga* occupent une position élevée en raison de leur sagesse et leur influence dans la prise de décisions sociales. Elles sont souvent impliquées dans les cérémonies, ainsi que dans la gestion des conflits et la préservation des coutumes traditionnelles. Leur autorité dans ces domaines leur confère un statut respecté aussi bien par les femmes que par les hommes. Elles incarnent l'équilibre entre la préservation des valeurs traditionnelles et l'évolution des rôles sociaux.

mises en place. Ainsi, sur le marché de Sa'a et les marchés périodiques de l'arrondissement, les prix des produits vivriers sont réglementés en 1962-63 pour permettre d'écouler toutes les marchandises et pour donner aux acheteuses ayant de faibles moyens la possibilité de satisfaire leurs besoins.

La structure d'animation féminine organisée par la cheftaine est très développée et chaque cheftaine se fait aider par de nombreuses adjointes, dont le rôle définit leur place dans la structure et leur autorité. Chacune de ces aides est choisie parmi les femmes bien intégrées dans le village, mariées et mères de famille, ou veuves dévouées aux enfants et aux femmes du village. Leur rôle leur confère une grande confiance en elles-mêmes. La discipline tient une place importante dans l'exercice de leur fonction ; pendant les réunions, la commandante ou une police se lève à chaque instant pour faire taire les bavardes qui chuchotent, ou pour couper l'orateur, utilisant à intervalle régulier un sifflet, symbole de sa fonction.

Par son influence novatrice, la cheftaine a donné une place nouvelle aux femmes dans le village, bien qu'elle ait été utilisée comme intermédiaire entre les femmes et le chef ou l'administration. Elle a souvent aidé les femmes à prendre conscience de leurs rôles dans la famille et dans le village, à devenir des agents actifs de l'évolution qui s'opère même dans les villages les plus retirés et les plus hostiles au changement.

Les responsables des groupes d'entraide, de cotisations, et des grandes associations nées en ville, sont choisies parmi les *bénia-binga*. Ces femmes intelligentes, actives et dévouées au groupe, sont également choisies selon des critères anciens. Mais les responsabilités qui requièrent des compétences de type moderne sont attribuées à des jeunes femmes ayant été quelques années à l'école primaire. Celle qui détient le plus haut pouvoir est souvent appelée « présidente ». Elle a généralement fondé le groupe. C'est une analphabète. Ses capacités d'intelligence, de commandement et d'organisation sont considérées comme essentielles. L'âge et le statut n'ont d'importance que pour les plus hautes fonctions. La secrétaire est une jeune fille scolarisée. C'est elle qui fait les comptes-rendus des activités, souvent pris en double par un jeune homme, pour éviter toute erreur. Son rôle est très valorisé.

Les leaders qui joignent aux compétences traditionnelles des connaissances modernes telles que la connaissance du français sont celles qui détiennent le maximum de prestige et d'influence. Elles représentent pour le village ou leur quartier le type idéal que l'on essaie d'adopter, même si on le critique ouvertement. Les responsables des groupes ethniques ou d'entraide de faible importance sont surtout des guides et des conseillères. Elles organisent des systèmes d'entraide et de coopération, comme le groupement de leurs produits pour la vente, puis règlent les palabres qui surgissent entre les membres. Enfin, elles réunissent les membres d'association pour des cérémonies comme les fêtes ou les deuils.

Les responsables féminines des mouvements de jeunesse ruraux (JAC, ACF) sont des militantes désirant participer à une révolution de la vie familiale et villageoise dans sa globalité. Leur but n'est pas seulement d'agir sur les maux, mais aussi de réfléchir sur les causes des comportements, dans toutes les circonstances de la vie familiale. Elles amènent par là le groupe à changer progressivement les attitudes mentales et les comportements qui freinent l'évolution du village. Les responsables jacistes sont en principe des jeunes filles tandis que les responsables ACF sont des femmes mariées dont les maris participent au même mouvement. Leur marginalité rend difficile leur intégration à la vie du village. Elles sont souvent observées avec beaucoup de méfiance, mais aussi avec beaucoup d'intérêt, et finalement avec admiration, car leur désintéressement, leur opiniâtreté dans la poursuite d'une évolution globale et les résultats concrets qu'elles obtiennent servent la cause publique. Leur souci de participer à l'évolution des individus et de la société villageoise, les moyens et les méthodes qu'elles emploient, semblent conduire ces responsables à être les leaders les plus aptes à guider une mutation profonde de la vie familiale.

La création du CNFC

Le développement rapide de Yaoundé conduit un nombre croissant de citadines à vouloir s'initier aux besoins et aux comportements urbains afin de s'intégrer progressivement dans ce milieu neuf et hétérogène qu'est la ville. Après un moment d'arrêt entre 1858 et 1960, juste avant l'indépendance, les associations à but social prennent un souffle nouveau. L'Union des femmes camerounaises (UFC), l'EFECAM, l'Association des jeunes filles camerounaises, le Cercle d'études des femmes chrétiennes, l'ASSOFECAM, l'*Afide nnam*, regroupent des femmes cherchant à s'émanciper, à avoir une place nouvelle dans la famille et dans la société.

De nouvelles associations se créent : *Anyan nnam*, l'Association des Filles béti à Yaoundé, l'Association des femmes camerounaises à Douala en 1960, le Cercle éducatif de la jeune fille à Yaoundé en 1962. Les associations tribales, la JOCF en ville, les confréries religieuses en zone rurale, participent aussi à la formation féminine organisée par les militantes des divers groupes. L'action de certaines de ces associations s'étend à de nombreuses villes du sud, tel est le cas de l'EFECAM, du Cercle éducatif des femmes chrétiennes, de l'ASSOFECAM, et parfois aux villages du centre-sud, telles l'*Afide nnam* et la JACF.

Leurs activités sont l'éducation et l'entraide. La formation comprend : enseignement ménager, coupe-couture, nutrition, puériculture et hygiène, alphabétisation, réflexion collective sur le statut féminin, la vie conjugale, les coutumes familiales. Une des principales militantes du Mouvement des femmes camerounaises explique que « les femmes doivent pouvoir accéder à toutes les études, toutes les fonctions. Les associations aident les femmes à mieux tenir leur maison, à être de meilleures épouses, de meilleures mères. » Bien que quelques associations aient des ramifications villageoises, elles peuvent rarement mener une action éducative, les rurales étant très occupées par leurs travaux agricoles. Ces associations répondent en ville à une aspiration féminine si grande qu'elles fleurissent en grand nombre.

En 1965, quinze nouvelles associations sont reconnues. Mais l'absence de cohésion et de prévision entre les associations provoque leur grande fragilité, car chacune veut avoir le maximum d'adhésions ; les moins dynamiques disparaissent comme elles sont nées. Une responsable de l'EFECAM explique : « Il est difficile d'avoir beaucoup d'adhérentes dans les quartiers, car de nombreuses associations y sont représentées. Il faut se tailler une place. Beaucoup de groupes donnent des cours d'enseignement ménager et d'alphabétisation. »

Quelques groupes, tels l'UFC, les *biabia*, *Afide nnam*, sont implantés dans neuf à douze quartiers de Yaoundé. Les activités de ces associations tendent à remplir des secteurs de plus en plus nombreux de la vie féminine : formation pratique et culturelle, entraide sociale et économique, lien d'engagement civique et social. Elles sont pour leurs membres un moyen d'adaptation à la vie moderne, d'intégration dans la société urbaine, et par là un outil de leur promotion sociale.

L'évolution rapide du phénomène urbain, la multiplication des fonctions que ruraux et citadins attendent aujourd'hui de la ville ont accéléré depuis l'indépendance les initiatives féminines en vue de participer à l'orientation de ces fonctions et par là à l'évolution de la société globale. Quelques associations féminines ont à cet effet multiplié leur impact sur différentes fonctions de la ville. Leur action est réfléchie en congrès chaque année et réorganisée selon les besoins de leurs différents lieux d'implantation.

À Yaoundé, les *biabia* ont monté trois salles à la maternité et ont organisé à Mbalmayo l'aide sociale entre les femmes du quartier de New-Town, elles visitent aussi et nourrissent plusieurs fois par an les prisonniers de la ville. Les revenus des kermesses organisées par l'UFCS servent à aider les lépreux de Nden, les étudiants sans ressources, la formation des militants jocistes de Yaoundé. Les militants de l'UNAMDEFAC accueillent les enfants sans mère, surtout des Bamiléké, pendant leur jeune âge. Elles aident et reçoivent des jeunes prostituées et des filles-mères isolées. Plusieurs ont adopté des enfants abandonnés ou que leur mère allait faire disparaître. L'association visite aussi les jeunes filles et les femmes de la prison de Yaoundé ; dans quelques villages de la périphérie de Yaoundé, elles apprennent aux femmes l'hygiène, l'aménagement de la case, l'organisation du travail. Le Cercle d'études des femmes chrétiennes visite à Yaoundé les femmes de la prison. Il a monté en 1966-67 un centre de formation pour animatrices, un foyer d'accueil pour les jeunes filles, un jardin d'enfants. L'Action catholique des foyers (ACF) organise dans les quartiers de Yaoundé des petites sessions de formation ménagère, et sur la nutrition, le civisme, le rôle économique de la femme, sur la vie familiale et ses problèmes. La JACF (Jeunesse agricole féminine chrétienne), créée en 1961, organise en zone rurale, à partir de petites équipes villageoises, des sessions de formation où sont abordés leurs principaux problèmes : organisation du travail, modernisation des cultures, hygiène de l'habitat, problème de la dot, du mariage, des relations avec les garçons.

Par la formation qu'elles leur ont donnée et l'exercice de la réflexion et des responsabilités, ces associations ont suscité la participation des femmes à la vie civique : des conseillères municipales, deux députées, des femmes ayant des postes de responsabilité dans l'enseignement, dans les services sociaux et sanitaires. Les multiples activités de leurs associations les exercent à agir dans des secteurs sociaux et culturels de plus en plus larges.

Non engagées dans l'action politique, les femmes participent cependant à la vie publique et contribuent à l'édification nationale : en 1963, neuf d'entre elles sont conseillères municipales et en 1965, deux femmes, Mmes Tsanga et Keutcha sont députés.

En 1961, une des pionnières des mouvements féminins décide de créer un Conseil national chargé de superviser les associations, de guider leur évolution et de vérifier leur action féminine. Cette super-association va essayer de regrouper la mosaïque des petites associations tribales du Sud-Cameroun, de réduire les tensions interethniques, de coordonner les expériences et les différentes activités. Par des projets de loi et l'action conjuguée des groupes, il s'emploie à faire évoluer la situation féminine en matière de droit civil et coutumier. La présidente et ses adjointes expriment officiellement leurs buts, en septembre 1961, dans le journal *Tribune des femmes*.

En 1965, à Yaoundé, vingt-huit associations adhèrent au Conseil national des femmes camerounaises. Il est formé des représentantes de 35 sections (Yaoundé et autres villes camerounaises) et composé de trois comités régionaux : un pour le littoral, un pour le centre-sud, et le troisième pour l'ouest. Six commissions orientent l'action nationale : affaires sociales, affaires scolaires et universitaires, journal, causeries-conférences-loisirs, santé-hygiène-diététique, affaires économiques et législation du travail féminin. Le CNFC organise un colloque une fois par an et des meetings dans les différents départements du sud. Les personnalités administratives, politiques et sociales, ainsi que des homme,s y participent, donnant par leur présence une caution au développement de ces vastes mouvements.

Ces grandes manifestations sont autant d'occasions de regrouper hommes et femmes autour des principaux sujets qui intéressent l'évolution de la famille, de la femme, et les problèmes matériels les plus cruciaux : dot ; polygamie ; hygiène au village ; soins aux enfants ; alimentation ; vente des produits.

Les associations féminines officiellement reconnues auxquelles participent les femmes béti en 1962-1963

nom de l'association (fondée en)	membres et sections	lieux d'action	buts poursuivis	activités
AFC : Association des femmes camerounaises (1960)		Yaoundé	Formation et action sociale	Action éducative par presse, radio, conférence Alphabétisation, préparation au mariage, éducation des enfants, formation d'animatrice, lutte contre la prostitution
Afide nnam (1959)	900 membres à Yaoundé 31 sections	Esse, Mfou, Ngoumou, Yaoundé (sections dans 22 villages du centre-sud)	Entraide et formation	Entraide, formation ménagère, discussion sur la vie familiale
Association des bonnes mœurs			Entraide et formation	Cotisation ménagère
Association des jeunes filles camerounaises (1952)	70 membres 1 section	Yaoundé	Promotion sociale, entraide, formation et action sociale	Loisirs et sport, secourisme, formation ménagère, puériculture
ASSOFECAM (1959)	60 membres à Yaoundé	Akonolinga, Batouri, Douala, Yaoundé	Entraide et formation	Entraide, alphabétisation, aide aux orphelins, initiation à l'hygiène et la puériculture
Avènement de la femme camerounaise (1958)	2 000 membres 9 sections	7 villes du sud dont Yaoundé	Émancipation et promotion sociale	Formation ménagère, civisme, alphabétisation, puériculture
Biabia (1958)	25 000 membres 23 sections	8 départements et 13 villes dont Yaoundé	Promotion sociale, entraide, formation et action sociale	Formation ménagère, maternité, ouvroirs, cantines pour enfants

nom de l'association (fondée en)	membres et sections	lieux d'action	buts poursuivis	activités
Cercle d'État des femmes chrétiennes (1956)	75 membres à Yaoundé 4 sections	Ebolowa, Edéa, Yaoundé	Promotion sociale, formation et action sociale	Formation ménagère et religieuse, rencontres amicales
Cercle éducatif de la jeune fille (1962)	60 membres	Yaoundé	Formation	Loisirs et sport, secourisme, rapports entre jeunes filles, préparation au mariage
Coopérative artisanale féminine (1964)	1 section	Yaoundé	Permettre aux femmes de gagner leur vie à domicile	Travaux de broderie, tapisserie, etc.
EFECAM (1952)	160 membres 7 sections	Ayos, Ebolowa, Dschang, Foumbam, Yaoundé	Émancipation, promotion sociale, entraide, formation et action sociale	Formation ménagère, puériculture, hygiène, alphabétisation, discussion sur les problèmes féminins et familiaux
Femmes camerounaises (1952)	5 000 membres 2 sections	Ebolowa, Mbalmayo, Sangmélina, Yaoundé, zone rurale	Émancipation et promotion sociale	
Filles béti (1960)	80 membres	Yaoundé	Entraide	Fêtes et secours mutuels
Fraternité des femmes camerounaises		Yaoundé	Entraide	
Groupe d'État des femmes chrétiennes (1963)		Yaoundé	Action sociale	Conférences, articles dans l'*Effort Camerounais*, discussion sur les problèmes féminins et familiaux

nom de l'association (fondée en)	membres et sections	lieux d'action	buts poursuivis	activités
JACF : Jeunesse agricole catholique féminine (1962)	1500 membres 37 sections	Amadoua, Bafia, sud-centre et est	Promotion sociale, formation et action sociale	Formation ménagère et religieuse, Concours annuels de culture et d'élevage, groupes de réflexion sur les problématiques féminines
JOCF : Jeunesse ouvrière chrétienne féminine (1954)	185 membres à Yaoundé 25 sections à Yaoundé	Bamiléké, Douala, Edéa, Yaoundé	Entraide et action sociale	Formation ménagère, religieuse et hygiénique réunions de discussion
UFCS : Union féminine civique et sociale (1953)	16 sections	Douala, Dschang, Foumbam, Yaoundé	Émancipation, promotion sociale, formation et action sociale	Caisse de cotisation, puériculture, alphabétisation, kermesse, discussion sur les problèmes familiaux
UNAMDEFAC (1959)	5 000 membres	Ebolowa, Dschang, Mbalmayo, Sangmélina Yaoundé zone rurale	Entraide, formation et action sociale	Formation ménagère, alphabétisation, réunions, discussions
Union démocratique internationale des femmes		Douala, Yaoundé	Syndicalisme	
Union démocratique pour l'évolution des femmes (1952)		Yaoundé	Formation	Préparation au mariage, discussions

Réponse masculine à la place nouvelle des femmes

Le succès et l'influence sociale et économique en zones rurale béti et urbaine, de ces groupes et associations, la promotion féminine qu'ils réalisent, rendent dès 1962-63 l'équilibre social et politique extrêmement fragile ; le résultat du vote de 1965 le prouve. Les hommes prennent alors peur, bien que quelques-uns encouragent au contraire leurs épouses à militer dans des mouvements de femmes pour que « l'aide et la justice soient instaurées là où elle n'est pas. » Cette attitude vient de militants ACF, jocistes, jacistes et de chrétiens pour lesquels la progression de l'harmonie conjugale et son unité, la réalisation des rôles modernistes féminins, dépendent en partie de la formation, de l'évolution de leurs épouses et de leurs possibilités de résoudre leurs principaux problèmes sociaux, culturels et économiques. Mais la plupart des hommes s'associent à ceux qui ont décidé de reprendre en main – par l'intermédiaire de l'Union camerounaise, le parti majoritaire – la dynamique féminine.

En avril 1966, le congrès de l'UNC, réuni à Bafoussam, annonce la dissolution de toutes les associations féminines, à l'exception des groupements confessionnels. En juin 1966, le CNFC disparaît. La branche féminine de l'Union camerounaise est alors étendue à tout le Cameroun. En août, une nouvelle structure est mise en place, se donnant pour but de canaliser une des forces les plus vives du pays.

Les responsables, souvent des leaders des associations dissoutes, sont nommées par l'UNC. La structure reproduit le modèle traditionnel. Au sommet un bureau national, dirigé par le parti et la dernière présidente nationale du CNFC. Un bureau régional regroupe les sections départementales de sa circonscription. Une sous-section regroupe les comités de base d'un arrondissement ou d'une ville. Plusieurs villages ou quartiers, chacun correspondant à une cellule, forment un comité de base, dirigé par une présidente, une secrétaire, une trésorière, deux conseillères.

Les activités de l'OFUC dépendent de chaque sous-section. Elles sont cependant orientées vers le civisme, l'éducation des adultes – alphabétisation et enseignement ménager – et une meilleure organisation de l'économie de la zone rurale. Dans les régions de Sa'a et de Mbalmayo, les groupes de travail en commun et l'entraide se développent sous l'influence de l'OFUC, tandis qu'à Yaoundé, les principaux sujets de débats en septembre 1966 sont les costumes destinés aux défilés.

Dans chaque section, deux ou trois membres des différentes commissions aident à la formation permanente des adultes : santé-enfance ; sciences ménagères ; loi et suffrages ; morale sociale ; éducation. Il y a en tout huit commissions, en relation avec l'Animation rurale et les éducatrices de la Jeunesse et des Sports. Plus ces nouveaux groupes sont éloignés des centres urbains, plus leurs activités sont laissées à l'initiative des leaders, qui les réorganisent de la même façon que celles des groupes dissous.

En août 1966, les leaders d'hier, rurales comme citadines, ne cachent pas leur déception et leur inquiétude devant la réaction masculine : « ce sont les hommes qui auront la direction de l'OFUC, les femmes n'étant que conseillères. La responsable du CNFC n'a pas su résister à leur pression. Elle a conduit les mouvements à la nationalisation. Nous ne savons que faire ».

De très nombreuses femmes béti découragées quittent les associations dès les mois de mai et juin ; la plupart se méfiant de cette nouvelle structure qui leur est imposée ; de plus, elles pensent que le manque de liberté et d'initiative ôte tout intérêt à l'activité. Cependant, quelques responsables d'associations prévoyantes se sont engagées dans l'Union nationale camerounaise dès 1965. En août 1966, elles sont nommées à la tête des principales responsabilités dans la branche féminine du parti unique.

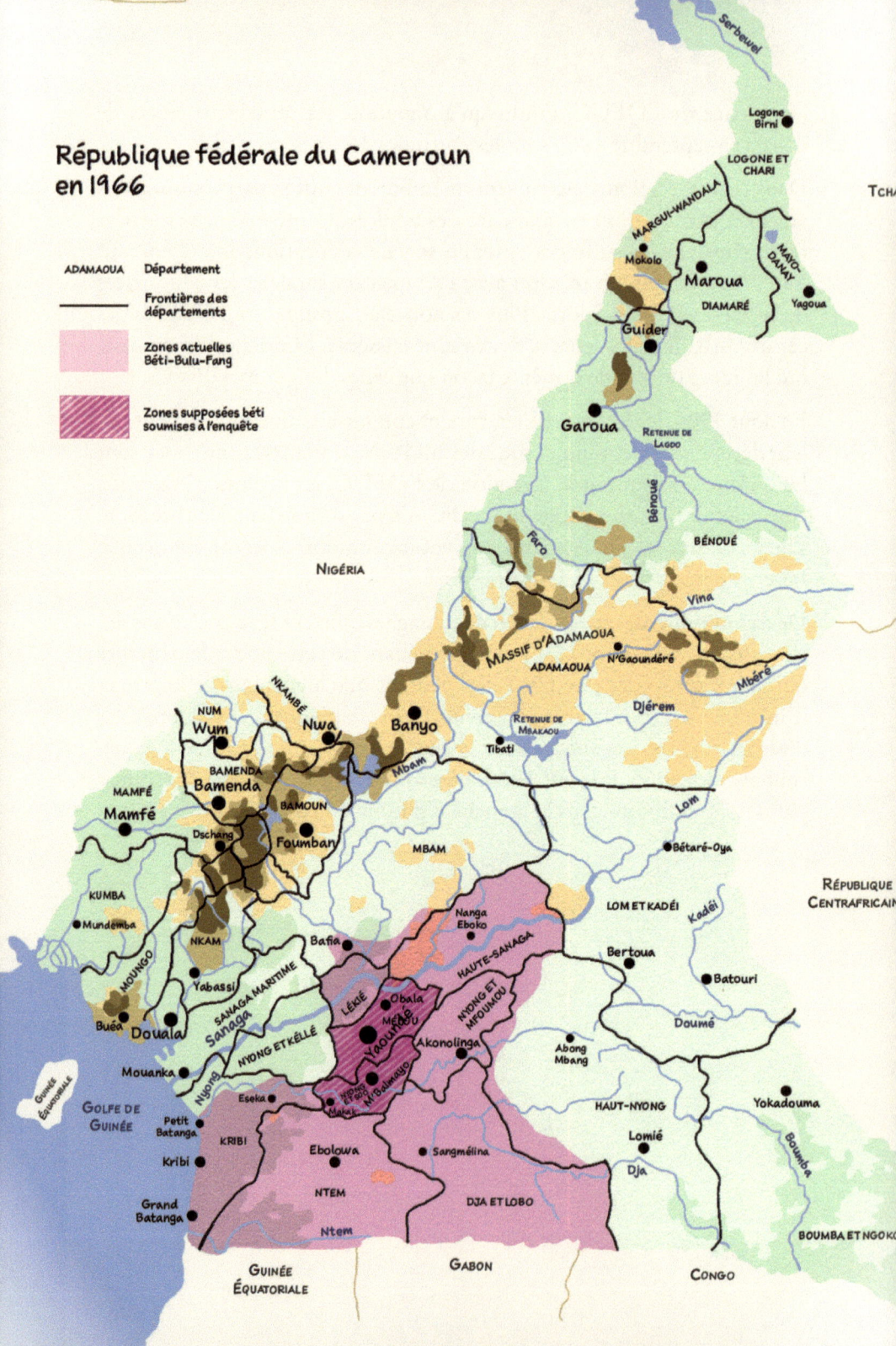

CONCLUSION

L'étude des associations féminines béti de 1887 à 1966 met en évidence l'influence du groupe féminin aux différentes périodes de l'évolution de leur société. À travers ces mutations, les femmes adaptent sans cesse leurs buts et leurs modes de regroupement, apportant chaque fois, par les solutions qu'elles adoptent, un nouvel équilibre.

À mesure que sont stabilisés les *mvog*, vers la fin du XIXe siècle, les femmes participent intensément à l'extension du groupe et à la réussite de son installation sur la terre conquise par l'intervention de leurs sociétés secrètes auprès des puissances supranaturelles ; interventions qui sont les conditions de leur fécondité, de la fertilité des champs et de la réussite des entreprises masculines.

Brisée par la colonisation allemande, l'influence des sociétés féminines semble baisser, puis rejaillit plus active. Elle témoigne de la volonté qu'ont les femmes de sauvegarder l'équilibre social auquel elles ont une grande part. Les groupements féminins restés traditionnels permettent à la société en plein désarroi de retrouver son flux essentiel de vie, de garder sa cohésion.

Lorsqu'interviennent la deuxième époque coloniale et le mouvement prosélytique chrétien, le cadre clanique éclate. Le contrôle social se relâche. Les femmes manifestent alors leur désir d'émancipation en fuyant les cours des grands polygames vers les missions et en adhérant en grand nombre aux confréries religieuses. Elles organisent en même temps des rites syncrétiques qu'elles considèrent comme les moyens les plus efficaces pour s'assurer la fécondité indispensable à leur intégration dans la société. Cependant, quelques foyers chrétiens bouleversent ces modes coutumiers, sous l'influence d'associations familiales et de la Légion de Marie.

À partir de 1944, les Béti prennent conscience de leur possibilité d'accéder au pouvoir. L'opposition va naître au niveau de la société globale, tandis que les femmes affirment leur volonté grandissante d'émancipation et d'ascension sociale, en organisant dès 1953 des branches féminines des partis politiques. Le développement de maux sociaux tels que l'alcoolisme et la croissance de la dot ainsi que la nécessité d'une adaptation des femmes à l'évolution économique et sociale provoquent la création de nouvelles associations féminines. Elles se fixent comme objectif de provoquer par une formation des familles leur promotion, promotion qui retentirait sur la vie sociale dans son ensemble, et de réduire par des campagnes l'extension des maux sociaux.

L'indépendance acquise en 1960, les hommes cherchent à se maintenir au pouvoir ou à le conquérir, et qu'ils essaient de relancer l'économie générale, tandis que les femmes multiplient et adaptent leurs associations en fonction de l'évolution de l'économie et de la vie sociale. En zone rurale et en ville, leurs réponses aux nombreux problèmes posés cherchent à informer l'avenir social, à valoriser les femmes aux yeux des hommes, afin d'acquérir une place nouvelle dans la société ; place qui leur permettrait d'avoir une plus grande part aux décisions, à l'édification nationale.

L'action associative des femmes à travers les nombreux événements qui ont bouleversé la société au cours de cette période (1887-1966) met en lumière une dynamique fondamentale qui serait le mouvement même de la société, mouvement auquel les femmes participent intensément. Bouc émissaire et levier de la société, elles sont en même temps des agents de désordre, de mort et des bâtisseurs d'un ordre nouveau, d'une renaissance. Leurs rituels, comme la démarche de leurs activités modernistes, semblent participer à cette même dynamique, dont le mouvement sans cesse réactualisé serait le mouvement même de toute création chez les Béti : une opposition entre deux partenaires qui débouche sur un affrontement, qui est en même temps une mort et une purification, l'un des deux adversaires devant être éliminé. L'affrontement provoque un éclatement qui est le passage à un état plus élevé, une renaissance. Le passage est aussi le lieu du croisement de la mort à la vie, lieu d'actualisation de l'acte unique, l'acte de création.

Ainsi, le mouvement de la société, comme celui qui procède à tout acte, toute intervention dans le groupe, est-il une relation dialectique que la parole, véhicule de vie et de force, englobe, anime et réédifie sans cesse. Ce mouvement n'est donc pas fermé ; il évolue avec le développement de la société, les partenaires de la relation dialectique et leurs rapports variant en fonction des événements qui viennent bouleverser la société : opposition-réciprocité et complémentarité, puis solidarité et coopération, lorsque se crée l'unité homme/femme. On pourrait schématiser le mouvement de la société globale comme une spirale, se déroulant en s'élargissant sans cesse.

Voyons son déroulement à travers les quatre étapes de l'évolution de la société béti et de ses associations féminines que nous avons observées.

Avant la première époque coloniale, la relation de tension-opposition se passe entre la société des hommes et celle des femmes : c'est une relation de maître à serviteur. Les sociétés féminines sont en même temps chargées d'assurer la perpétuité et l'extension du clan et de protéger leurs adeptes contre les maléfices des hommes ou des puissances supranaturelles.

À la même époque, les clans voyant leur nombre augmenter commencent à se disperser. Un autre affrontement a lieu entre le *ntôl-mot* patriarche et sorcier et ses fils, jeunes chefs de famille. Leurs conceptions et leurs aspirations différentes les opposent et introduisent des distorsions dans le système clanique traditionnel, mais enrichissent la société en l'ouvrant à de nouveaux concepts et à des modes de vie différents : sédentarisation ou migrations en chaîne vers la mer.

L'intervention allemande oriente la société vers une double relation dialectique, d'une part vers une lutte entre le colonisateur et le colonisé, le chef autochtone et ses administrés, et d'autre part vers un affrontement entre le *ntôl-mot* et ses femmes. La société traditionnelle sera profondément remise en question par les bouleversements politiques, économiques et sociaux. Les sociétés secrètes, vivement combattues, se retranchent dans la clandestinité, cherchant à préserver l'essentiel de la vie villageoise, leur culture et l'équilibre traditionnel, et même à les renforcer face aux nouveaux partenaires. Les transformations de la structure politique bouleversent l'équilibre social ; lorsque les Béti soumis aux travaux forcés s'opposent et s'affrontent à leurs chefs, agents de la puissance coloniale, la relation dialectique dépasse alors les frontières du clan.

Les femmes participent à leur éclatement en répondant à l'offre des missions ; le grand mouvement du *si yoo* est le moment du désordre total, les femmes espérant ainsi se libérer de toutes contraintes sociales. Il accélère le mouvement de la société, l'orientant vers une relation dialectique nouvelle entre le *ntôl-mot* et ses femmes, ou entre le *ntôl-mot* et le missionnaire, libérateur de femmes. La remise en question de l'ordre social, provoquée par la réaction de ses éléments les plus opprimés, mais les plus audacieux, devient un facteur nouveau d'ouverture au changement. Toutefois, l'introduction des associations familiales et de la Légion de Marie introduit une relation nouvelle, où la découverte réciproque et la solidarité cherchent à réaliser l'unité homme/femme.

La prise de conscience politique de 1944 élargit encore la relation dialectique. Se détournant de l'angoisse masculine née de l'émancipation féminine, la société s'oriente vers une contestation globale du système colonial. Les partenaires sont à nouveau les Camerounais et les occupants, représentants de la puissance coloniale, puis les ethnies entre elles, lorsque des divergences interviennent dans la façon de conquérir le pouvoir. Les femmes sont alors les alliées des hommes politiques, mais leur participation à la lutte, comme aux mouvements, a pour but de leur faire accéder à une place nouvelle dans la société. La relation homme/femme est alors ambiguë ; tandis qu'elle s'affirme au grand jour comme une relation de réciprocité, les femmes la veulent comme une relation élargie de complémentarité, relation dans laquelle soit introduite la coopération, dont les hommes ne veulent pas.

À la même époque, le mouvement croissant de libération des mœurs, la croissance des maux sociaux et la crise économique réorientent la dynamique sociale ; celle-ci est entraînée par un triple mouvement : d'une part un affrontement homme/femme, les hommes essayant de freiner l'émancipation féminine ; d'autre part un mouvement de coopération entre les ruraux et les citadins, et entre la société masculine et la société féminine en zone rurale.

Cette coopération élargie se réalise au sein des grandes associations tribales béti : le Kolo Béti et l'Anag Sama.

Tandis que s'opère à trois niveaux le mouvement dialectique, les femmes s'organisent pour améliorer leurs statuts, faciliter leur intégration sociale et leur participation à l'évolution de la famille et de la société. Parallèlement au déséquilibre, un ordre nouveau se prépare. Tandis que croît la dégradation sociale totale, une cohésion féminine se renforce ; une relation de complémentarité et de coopération homme/femme naît ou se renouvelle.

Le mouvement en spirale s'élargit à nouveau dans les années qui suivent l'indépendance. La relation dialectique se réalise à deux niveaux : une lutte autour du pouvoir entre les hommes qui s'affrontent ensemble pour le prendre ou le conserver, un affrontement homme/femme au sein du foyer, car leur relation de réciprocité est déséquilibrée. Ce déséquilibre ira en s'accentuant jusqu'en 1966 (date de notre étude). Il se réalise en deux étapes :

Les femmes, dans une première étape, développent leur solidarité face à la complexité croissante de la vie économique et sociale. Prenant chaque jour davantage conscience des rôles qu'elles peuvent jouer dans la société urbaine, elles développent leurs moyens de promotion et leurs interventions afin d'améliorer la vie sociale dans son ensemble.

Mais la croissance désordonnée de leurs groupes et leur dispersion sont aussi une faiblesse. Les principales leaders, dans une deuxième étape, décident de maîtriser ce vaste mouvement et son bouillonnement en regroupant, unifiant et orientant l'action des associations. On constate alors une accélération de la dynamique sociale, les hommes prenant conscience du développement de l'emprise féminine sur la société y adhèrent dans un premier temps. Les rapports entre la société masculine et la société féminine sont alors des rapports de cohésion et de coopération où les deux groupes partenaires reconnaissent leurs rôles réciproques dans la société en évolution et œuvrent ensemble pour le développement : aux hommes l'économique, aux femmes le social.

Puis dans un deuxième temps, les hommes s'inquiètent, se rendant compte que la maîtrise de la dynamique sociale leur échappe. Ils décident de briser le système créateur d'évolution féminine. Des rapports homme/femme d'opposition, d'affrontement, succèdent alors aux rapports de coopération, qui débouchent sur l'éclatement. Ils se vivent également au niveau interpersonnel (homme/femme) : les hommes souhaitant que les deux partenaires soient à nouveau maître et serviteur, tandis que les femmes aspirent plus que jamais à des rapports nouveaux de reconnaissance mutuelle, de complémentarité, et de coopération.

Les rapports sont en fin de compte des rapports de force : les hommes détenteurs du pouvoir sont apparemment les vainqueurs. Ils peuvent redevenir les maîtres. Le système générateur de la dynamique féminine semble canalisé et maîtrisé au niveau national.

Le mouvement en spirale de la société globale s'ouvre encore. N'est-ce pas à ce niveau que désormais va se jouer la dynamique sociale et que les femmes, libérant par le verbe (la parole et l'agir) leur esprit d'innovation et réactualisant leurs capacités d'adaptation et d'organisation, trouveront des solutions nouvelles aux problèmes de la société globale que l'autorité va leur confier le soin de résoudre ?

Leur ardeur renaîtra-t-elle, témoignant de la permanence de leur influence sur le mouvement dynamique de la société ? Mouvement dont elles sont, en fin de compte, les principales actrices : des agents de désordre, mais aussi des agents d'un équilibre chaque fois renouvelé.

Glossaire

Abaa : demeure des hommes

Abbia : jeu de hasard traditionnel

Abégue : corps de garde du village

Abogo ou *ntong :* longue pipe

Abom : vêtement fait d'écorce d'arbre (porté par les hommes)

Afide nnam : espoir du pays. Association féminine implantée à Yaoundé

Akap : savoir donner

Aken (plur. meken) : société secrète

Akoa (ou kna) : rituel effectué par les deux époux pour assurer la conservation de l'enfant pendant la grossesse

Akus : rite de passage pour purifier les veuves après la mort de leur mari et leur permettre de retrouver une nouvelle vie

Akyae : malédiction jetée par un ennemi

Anag Sama : mouvement ethnique nationaliste eton

Angan (plur. mangan) : rite collectif lié à une association

Angan dan : « notre fétiche ». Expression utilisée pour désigner la religion catholique

Angaza : fête qui suit le mariage et le don des bêtes et objets divers

Asum : traitresse au clan, être nuisible

Ati : seigneur. Désigne la langue d'origine des béti

Atud : échange de femmes

Awuman : obligations nées des liens l'alliance ou de l'appartenance au même sang

Ayem ou *nmen (plur. beyem) :* magiciens, connaisseurs malveillants

Ayôm : clan né d'un ancêtre masculin. Il groupe les enfants nés d'un même père et de mères différentes.

Ayôn : lignage maximal et patrilinéaire, formé de plusieurs *ayôm* ou plusieurs *n'dzang*

Bankal : fils des sœurs du défunt, souvent impliqués dans les cérémonies de vengeance et de purification liées au deuil

Bèkôn : revenants ou mânes des ancêtres

Bénia-binga : femmes d'un certain âge qui ont démontré, par leur fécondité, leur expérience et leur dévouement, qu'elles ont vécu pour le bien de leur famille d'adoption et des femmes du village. Elles sont respectées pour leur savoir et leur expérience

Beyia-bia : chantre ou chef de chœur, qui guide les chants lors des rituels

Biabia : association dont le nom signifie « nous nous » ou « entre nous », fondée par quatre femmes d'Akonolinga, vivant à Yaoundé

Bieri : un des rituels les plus secrets

Bikié : petites baguettes de fer qui servent de monnaie sacrée, notamment pour le paiement de la dot

Bikindi : épreuve humiliante durant laquelle les veuves roulent sur le sol, souvent en signe de purification ou de soumission

Dzâl : village. Désigne également la famille ou groupe familial élargi

Eban abum : rite que les époux font à l'occasion de la conception pour que la femme en état de grossesse soit fidèle

Ébui : feuilles de bananier utilisées par les veuves pour se couvrir pendant certaines étapes du rite

Edza ngon : demande de la fille. Démarche ultime du fiancé auprès de la famille de sa future épouse

Efanga bendoman : rite de « dévoilement des noms » des hommes avec lesquels la femme a eu des rapports sexuels avant et pendant sa grossesse

Ekoan : réunions ou confrérie religieuse (peut être utilisée comme une désignation spécifique à un groupe religieux ou spirituel)

Ekomba : première épouse d'un polygame

Élig : terre ancestrale, domaine patrimonial d'un lignage

Ésa : désigne à la fois les lignages mineurs et le patriarche et chef d'un *nda-bôt*

Esani : cérémonie qui suit la mort du mari et commence le processus de passage entre la mort et la vie pour la veuve

Esob-nol : cérémonie occasionnelle de purification

Esoe meyok : funérailles

Esoe-akus : indemnité coutumière symbolique que la veuve doit donner lors de certaines étapes du rite du veuvage

Etogo-bidi : rituel agraire pratiqué chez les Manguisa pour assurer une bonne récolte, impliquant des offrandes et des chants

Etzag okane : recherche de la bague. Geste mimé et dansé par les jeunes femmes à l'arrivée au village de son mari potentiel

Evaa meté : nouveau chef de famille, ou celui qui est investi après le décès du patriarche, lors de la cérémonie de partage de l'héritage

Evu : pouvoir mystique, souvent lié à la sorcellerie ou à des pratiques occultes

Fem ou *kaolin :* période pendant laquelle les veuves, couvertes d'argile blanche, subissent des épreuves et rituels visant à les purifier

Kolo Béti : Kolo est le premier ancêtre béti. Le Kolo Béti est un mouvement ethnique nationaliste ewondo

Kôn : esprits incarnés

Lenfougon : danse rituelle réservée aux femmes initiées réalisée au moment de la récolte des arachides

Mazili ndzoé yanda bit : rite pratiqué pour rechercher et résoudre les problèmes de stérilité dans un couple

Mbabi : rite collectif de fécondité, utilisé pour attirer la fertilité et la prospérité

Mbom : fille qui arrive en mariage, nouvelle épouse

Mebe'e : force supérieure, entité spirituelle, divinité créatrice des Béti

Mebi minson : période où les veuves, recouvertes de terre grise et de vase, sont dans un état de purification avant de reprendre des activités normales

Melan : association initiatique mixte

Memda me-bôt : familles

Mena-nnia ou *ñia-mininga :* mère du pays, une femme respectée, souvent la première épouse du *ntôl-mot*

Meveg : dot

Mevungu : grand rite d'initiation féminine, favorisant la prospérité et combattant les forces nuisibles

Mfagh (plur. *minfagh*) *:* village composé de plusieurs *nda-bôt* qui ne se mélangent pas

Mfan-minga : femme qui se respecte

Mfum : Blanc en habit (le prêtre)

Mgil : société secrète avec une fonction thérapeutique et judiciaire

Mie-dzala : modeleur du village

Mingongon : sœurs du défunt, responsables d'interagir avec les veuves, souvent considérées comme des bourreaux, et jouant un rôle central dans les rites de deuil

Mininga : femme

Minkas : tribus de moindre importance se plaçant sous l'autorité de tribus plus puissantes

Minkuk : génies

Minsamba : compagnie temporaire formée pour une opération guerrière et dissoute une fois le but atteint

Mvigi : grand devin travaillant pour le magicien

Mvôk ou *mvog :* lignage moyen ou sous-clan qui s'identifie à une unité de résidence

N'dzan : clan

Nda-bôt : famille étendue. Cellule de base de la société béti

Ndang : malheur, maladie ou épreuve causée par un mauvais comportement

Ndongo : rite pour combattre la stérilité, souvent réalisé dans le but de favoriser la fertilité

Ngan : engins de sûreté utilisés comme protection contre les maléfices, souvent associés à des croyances et rituels de sécurité contre les forces négatives

Ngas : rite de protection collectif, utilisé pour se protéger contre les maléfices, les esprits et la tyrannie

Nkok : la biche. Épreuve finale durant laquelle les veuves sont poursuivies nues par les membres du clan de leur mari, marquant leur soumission

Nkul : tambour d'appel, utilisé lors des cérémonies pour invoquer la participation ou l'affirmation des initiés

Nnam : coutume

Nnoni-minkus : gardien des veuves, responsable de les empêcher d'entrer en contact avec les autres membres du village pendant la période de deuil

Nsem : faute, bris d'interdit

Ntôl : aîné

Ntôl-mot : maître du clan

Nya-ngal : vraie femme. Terme désignant une femme adulte, souvent par opposition à une jeune fille

Oakwuman : femmes qui marchent, qui se baladent

Oban : guerres de vengeance

Oloa : esclave

Sengungudu : les pères du pays, tous chefs de *mvôk*, qui prennent ensemble des décisions concernant leur clan.

Si yoo : « la terre est ouverte, la liberté est conquise ». Acte de rébellion et d'émancipation féminine

So : association initiatique masculine

Tsogo : rituel pratiqué pour combattre la stérilité

Veban : produire. Rôle essentiel de la femme dans le clan

Biographies

Gustav Nachtigal (1834-1885)	21
Capitaine Hans Dominik (1870-1910)	28
Martin-Paul Samba (1875-1914)	37
Général Joseph Gaudérique Aymerich (1858-1937)	55
Charles Atangana (1883-1943)	68
Docteur Louis-Paul Aujoulat (1910-1973)	87
Ruben Um Nyobe (1913-1958)	103
Madeleine Mbono Samba Azang (1925-2013)	124
Charles Assalé (1924-1988)	130
Julienne Keutcha (1924-2000)	132

Cartes

Géographie physique du Cameroun	6
Évolution des frontières du protectorat du Kamerun entre janvier 1901 et mars 1916	24
Évolution des frontières du Cameroun entre janvier 1960 et octobre 1961	129
Frontières de la République fédérale du Cameroun en 1966 et zones supposées béti soumises à l'enquête de terrain en 1963	188

Définitions

Pahouin	13
Territoire sous mandat	56
Si yoo	69
Sixas	79
Légion de Marie	82
Régime de tutelle	91
La JACF	152
L'ACF	153
La JOCF	154
Bénia-binga	177

Infographies

Schéma descendant de la structure traditionnelle de la société béti	15
Scolarisation au Cameroun entre 1914 et 1938	61
Christianisation du Cameroun entre 1914 et 1931	62
Croissance de Yaoundé entre 1926 et 1954	94
Alcoolisme après 1945	110
Alphabétisation des femmes à Yaoundé en 1963	134
Scolarisation du Centre-Sud entre 1960 et 1965	136
Maladies vénériennes au sein de la population béti en 1963	140
Secteurs d'activité des femmes à Yaoundé en 1962	155
Statut matrimonial, genre et population à Yaoundé en 1963	156
Attractivité des associations en zone rurale béti en 1963	168
Liens d'amitié entre les femmes béti en 1963	171
Associations auxquelles participent les femmes béti en 1962-1963	183

Sommaire

Avant-propos — 7

CHAPITRE I
1887-1920. Lutter pour survivre — 11

CHAPITRE II
1921-1943. *Si Yoo*, vivre libre — 53

CHAPITRE III
1944-1959. Se promouvoir et conquérir le pouvoir — 89

CHAPITRE IV
1960-1966. Participer au pouvoir, orienter la société — 127

Conclusion — 189

Glossaire — 195

Biographies — 200

Cartes — 200

Définitions — 201

Infographies — 201

Dépôt légal : Juin 2025

« Le Code de la propriété intellectuelle interdit les copies ou reproductions destinées à une utilisation collective. Toute représentation ou reproduction intégrale ou partielle faite par quelque procédé que ce soit sans le consentement de l'auteur ou de ses ayants droit ou ayants cause est illicite et constitue une contrefaçon, aux termes des articles L.335-2 et suivants du Code de la propriété intellectuelle. »